圧縮《ぎゅぎゅっと》！　西郷どん

いのうえさきこ

集英社文庫

CONTENTS

目次

本書は、「ｗｅｂ集英社文庫」で２０１７年５月〜２０１８年４月に配信された「ぎゅぎゅっと圧縮！　西郷どん」を加筆・修正のうえ文庫化にあたり改題し、文庫描き下ろし「おまけの西郷どん」を加えたオリジナル文庫です。

本書では、明治５年12月２日以前の日付は旧暦、年齢は満年齢で表記しています。

本文デザイン／西野史奈（テラエンジン）

ぎゅぎゅっと
圧縮!
GYUGYUTTO
SEGO-DON
西郷どん
わくわく

はあ はあ…
はあ… はあ…
……先生!
先生
……晋《しん》どん
もう…… ここらでよか
……!
ふう…
ごめんなったもんし!
明治10(1877)年
鹿児島県の城山《しろやま》山中で
一人の男が自決しました

政府軍に包囲されながら
最後までサムライとして生きた
その薩摩武士は帝《みかど》のいる
東を向いて拝礼したといいます
いまわのきわ 男の目に映ったものは
小さな頃から変わらぬ存在感で
見守ってくれていた桜島だったはずです
男の目に映った……と
目
はて
パラララララ…
この人
どんな目
してたんだろ
写真
写真…
あ…
おいは写真は
生涯一度も撮ったことが
ありもはんで
むくっ
首つなげました
はい？
漫画描き
いのうえ
私これから
あなたの生涯を
描こーとか
思ってんのに
マジすか？

でも幼なじみの大久保《おおくぼ》さんとか龍馬《りょうま》さんとかはいっぱい撮ってましたよ？
ヘンなヒゲ…
大久保利通
つつつ
一《いち》どん（大久保）はよかですよー
明治政府の要職に就いて海外旅行もがっつりしちょったし……
坂本《さかもと》くんはあの通りの新しもん好きじゃっで……
俺かっこいい♡
写真なんかなくてもダイジョーブダイジョーブ
ニッポンLOVE♡な幕末のイギリス外交官私アーネスト・サトウが証言しまショー
スチャッ
サトウさん？誰！？
サトウさあはサトウって名前じゃっどん生粋のイギリス人でごわすよ
（彼は）黒ダイヤのように光る大きな目玉をしていて
カッ……
喋《しゃべ》るときの微笑《ほほえ》みには何とも言い知れぬ親しみがあった
by アーネスト・サトウ

これは黒ダイヤのように
輝く瞳で人々を魅了し
薩摩から日本の未来を
まっすぐに見ていた男
ラストサムライ
西郷隆盛《さいごうたかもり》のお話です
ちなみに薩摩弁は超現代語訳しております
申しわけなかこつでごわす!
時はさかのぼり
19世紀初頭
江戸時代末期
長く続いた幕政に
かげりが見え始めた
頃のことでございます
——小吉《こきち》だ!
下加治屋町《したかじやまち》の
ウド眼《め》(大目玉)の
小吉だぜ
吉どん
今日は
お豆腐かい?
ハイ
ごちそうでごわす
~~~~あいかわらず
デカいな……
あれで十歳とか
どんだけー
いっちょ
ビビらせてやろーぜ
フフフ。。
~~~~

わっっっ…
…。
…
大事なお豆腐
ひとまずワキに置いといて…
くる
びくくっ
びくっ
たまがったがぁ
（びっくりしたなーもー）

全然驚いてないじゃん！
ズキー
おはん…完全に迫力負けしとったな
くぬぬぬ…
……この大物感あふれる少年が西郷小吉のちの西郷隆盛です
豆腐どん♡お待たせしたもす
母上ただいま帰りました
お帰りなさい小吉
1 母 マサ
兄上！
お帰りなさい兄上！
ゾロ
ゾロ
2
3
4
5
6
7
8 父 吉兵衛
9
10
ただいま帰りました父上
じじ様ばば様
とまあ小吉含めて十一人の大家族
薩摩藩の下級武士である西郷家もこうした場合のご多分にもれず
さ…寒か…
カタカタカタカタ
ひとつの布団で子どもたちが寝ていたらしい…
ハイ
貧乏でした…
フゥ。

まー仕方ないんですよね
当時の薩摩藩は全人口の三割近くを士族が占めていて
米の生産量が低ければ石高で俸給が決まっていたこの時代どうしたって生活は厳しくなるわけで……
薩摩藩
士族
士族
他藩
下級武士ならなおさら
しかも西郷の父吉兵衛には大きな借金も……
父上は家族のために一所懸命働いてくだすってるでごわす！
それに……
母上はいつも言ってるでごわす
貧乏は恥ではありませんよ
貧乏に負けることが恥なのです
とはいえ皆には楽させてやりたいし……
弟や妹たちに腹一杯食わせてやりたい……
えらいわー西郷さん…
もん
もん
ワオー
おいは早く一人前の男になりたかー
(心の叫び)
ビクッ
桜島

おはようございます 小吉さん
ピチュ ピチュ
おはよう 正助《しょうすけ》どん
薩摩隼人《はやと》の朝は早い
――ってマジ 早いんですが～～～
まだ朝の6時前…
これから二才《にせ》どんの家で 講義を受けるでごわす
え？ 講義？
当時の薩摩藩には「郷中教育」という 独自の武士の子弟教育システムがあり
郷中《ごじゅう》教育
稚児
長稚児《おせちご》 10～14,5歳
小稚児《こちご》 6,7～10歳
教える
学ぶ
二才《にせ》 14,5歳～24,5歳
相談
長老《おせんし》 25歳以上の妻帯者
二才が稚児の教育を担当し 稚児は二才になると下の者の指導にあたっていたのです
ん？
それって今で言うなら 義務教育を ほぼほぼ近所の 先輩たちから 受けるっていうこと？
そうでごわす

これが郷中のタイムスケジュールでごわす！
6時
8時
10時
12時
16時
18時
20時
稚児
二才
学問（稚児が二才の家で講義を受ける）
体力作り（すもう等）
講義の復習 長稚児から小稚児へ指導
山や川でアウトドア遊び
武芸のけいこ
長稚児は二才から指導を受けることも
仕事（藩庁等）役職のない者は藩校で勉強
詮議・読書
四書、五経など
テーマ自由のディスカッション
濃厚っすな〜
当時鹿児島城下には方限《ほうぎり》と呼ばれる三十三ほどに分かれた区割りがありその方限内の先輩に学問や剣術、はては武士としての心構えまで
あらゆることを郷中で学んでいたのです
教える方もちゃんと理解してないと教えられないもんね
ちぇすとぉ！
これっていわゆるボーイスカウトの原型みたいな！
そうじゃっど

でもこれって誰に教えを受けるかっていうのが結構重要じゃない？
ハズレの先輩にあたっちゃったらキツいよね
もちろん！
だから皆これぞ！と思う人の家に集まるし人望のある人は自然とリーダー（二才頭《にせがしら》）に推されるのです
正助さんは誰のとこに行ってるの？
私は吉さんと同じ下加治屋町住まいで吉さんの三歳下なのでやはり吉さんに……
へー…
西郷さんやっぱ人気あるんだ
おすもうは強いし
読書家で博識だし
でもそういうことだけじゃなくて…
うーん
吉さんにはなぜかついていきたくなる雰囲気があるんですよ！
LOVE!
正助どん褒めすぎでごわす
うんうん
19歳で二才頭にも抜擢されてるんですよ
はっ
……正助さん？
大久保正助……ひょっとして

あの
大久保利通《としみち》？
はい
のちの
大久保利通
のちの
西郷隆盛
この方限出身の
有名人なら
まだまだおらすよ
大山巌《おおやまいわお》
吉さんとは
従兄弟
東郷平八郎《とうごうへいはちろう》
なんと
全員
下加治屋町出身!!
スゲー
かっこいいアニキの
背中を追いかけるうち
自分もかっこよくなり
自分を追いかけて
後輩までかっこよく
なり……
おそるべし
郷中教育!!
しかし西郷の評判が良いと
足を引っ張ろうとする者が
出てくるのも世の常で
ケッ
下加治屋町の
貧乏人のくせに
生意気な……
ドンッ
おっと
おうおうおうおう
デカいな
おう
貧乏人の分際で
なぜ道を譲らん！
わっ

へっへっへ
かしっ
え
乱暴は……
あきもはん
参
弐
壱
あら
ちょ
あっ
バシャーン
あっごめ…
うわー…
かっちょワル〜
覚えて
やがれーー！
負け犬…
てなことがあった
翌年のこと
ザァァ…

西郷小吉(壱拾壱)
夜襲される
薩摩TIMES
下手人の鞘《さや》が割れ、
右腕負傷
大丈夫ですか 吉さん！
くそう 絶対アイツだ!!
…ハイその通りです…
騒ぐことはありもはん
母上
帰りが遅かったので何かあったのかと……
薩摩藩士が人前で涙を見せるのは恥と言われた時代でしたが
痛みでも無念さでもない
母上を心配させてしまった………
吉さん……
その申し訳なさから西郷は泣いたといいます

ケガはすぐ治りましたが右腕が伸びにくくなってしまいます
これではもう剣の道は極められん
…………
これからはもっと書物を読み精神修行をつもう……!
おいのできることで皆の役に立つ仕事をしたい
十六歳になった西郷は郡方《こおりかた》書役《かきやく》助《たすけ》という役職に任命されます
「郡方」とは農政指導をし税をとりたてる職業で
西郷さんはその郡方の書記助手という立ち位置ですね
ごめんなアオ
モオオオ
ごめんな
ここは彦どんところの牛小屋か……
こんな夜更けにどないしたんじゃ

アオと
最後の別れを
しちょりもした
えっ
売るのか？
アオは大事な
牛ではないか
シモ
しかたなか…
このままでは
税が払えもはんで……
ガーン
百姓がそこまで
追いつめられとった
とは………！
お奉行さま〜〜〜〜〜！
ようわかった
その者の税を減らして
もらえるよう藩庁に
かけおうてみよう
迫田《さこた》太次《たじ》右衛門《えもん》利済《としなり》
朝イチで
たたき起こ
された…
なんていい上司！
あいがと
ございもす！
しかしある凶作の年……
吉どん！
大変じゃ
お奉行さまが！
これは？
虫よ虫よ
五ふし草の根を絶つな
絶たばおのれも
共に枯れなん
迫田さまは……
これを書き残して
辞職してしまわれた……

藩に減税をかけあってらしたのだが受け入れられなかったらしい……
厳しい取り立てをして百姓を苦しめれば
いずれ回り回ってこの薩摩を滅ぼすことになるだろう
迫田さま……
百姓たちはろくすっぽ食えず貧しい暮らしにあえいどる
どげんしたらいい？
どうしたら皆がおだやかに暮らせるようになる……？
島津斉興《しまづなりおき》
なんやと!?
今の藩主さまじゃダメだ……
新しい薩摩の国のリーダーになるべきお方に……
はーーん!!
西郷吉《きち》之《の》介《すけ》……
ほう…
なかなか面白い男だな……
島津斉《なり》彬《あきら》
この人物との出会いが西郷の人生を大きく動かすことになるのです

そもそも一介の下級武士の出である西郷さんが後々「維新の三傑」と呼ばれるほどに出世したのも
幕府や朝廷、藩の垣根を越え全国に人脈を広げることができたのも………
ズバリ!
そのインパクトあるルックスのおかげ!
違いもす
まーちょっとはあるかもだけど
すべては我らが名君薩摩藩第十一代藩主島津斉彬公のおかげなのです
キャーかっこいいー!
どどん
この方こそ民を救ってくれる薩摩のいや日本の太陽!
斉彬推し

――とはいえ藩主になるまではひと悶着《もんちゃく》あったんですよね？
うっ…
まあそのー
本来は嫡男である斉彬様が跡継ぎになるのが順当なんでごわすよ
しかし父である斉興は引退する気配無しお気に入りの側室・お由羅が産んだ久光を後継者に……なんて話まで出てくる始末
正室 周子《かねこ》
…
斉興
久光をよろしくネ
側室 お由羅《ゆら》
よっしゃよっしゃ
長男 斉彬
三男 久光《ひさみつ》
対立
跡目争いが始まっちゃったんですね〜
でもなんだってそんな話が？フツーは長男でしょ
実は……
重豪《しげひで》様という斉彬様の曾祖父にあたる人がいらして
ひいおじいちゃん
若い頃は蘭学を学び三か国語をこなしシーボルトとも親交があったという非常に新しいもの好きでアグレッシブな人物だったんだが
医学院作るよ
天文館作るよ
人呼んで蘭癖大名♡
重豪
新しい事業に藩の金を湯水のごとく使ってしまって……

洋学かぶれの斉彬様は
かつての重豪様にダブるんだよね〜
重豪
ごめんね斉彬…
そーそー
斉彬様があとを継いで
また薩摩藩が財政危機に
なっちゃ困るのよ
すげえとばっちりぃ
もちろん斉彬派だって
黙ってません
調所《ずしょ》広郷《ひろさと》
藩のやってる密貿易を
お上にチクっちゃおうぜ
藩のためにやったのにっっ
ヒソ
お由羅
——意外と
うまくいったな
んじゃこの勢いに
のって「実力行使」
に出ちゃう?
ハァア!?
ヒソ
てなことになってる
らしいのよ
よよよよ〜
なにィそんなことが?
愛《いと》しいお由羅ちゃんと
かわいい久光を亡き者にしようとは
ふてえヤツらだ!
ワワワ
ざま〜
おはんら
切腹!!

かくしてあるものは切腹
あるものは島流しとなり
総勢五十名以上が重い処分を受ける
お家騒動となってしまったのです
この件で正助(大久保利通)どんのお父上は喜界島《きかいじま》に遠島……
父上……
マジすか!
正助どんも藩の仕事を首になり
大久保家はいま収入ゼロ……
…
吉さん…
正助どん
これ家族で
食べやい
ふかしいも♡
フフッ
吉さんのとこだって貧乏なのに
しかも大好物のクセにムリしちゃって…
正助どん!!
そっ
それは言いっこなしでごわすっ
大丈夫! こんなことでおいはくじけん!
その心意気だ
我々でこの薩摩をもり立てていかんと
この頃西郷を中心に結成した若手藩士の有志が後々「精忠組《せいちゅうぐみ》」と呼ばれ幕末に活躍していくことになります

追いつめられたかに見えた斉彬ですが
これからは斉彬のような時代を読める男が必要だ
口ぞえしてやるか
老中　阿部正弘《あべまさひろ》
もういい年なんだしいいかげん長男（斉彬）に藩主ゆずってやりなよ
家慶
ガーン…
斉興
将軍の鶴のひと声で斉興隠居決定！
嘉永4（1851）年島津斉彬（41）薩摩藩主に就任
よ、ようやく……
斉彬は江戸生まれの江戸育ちだから中央にコネがあるんだね
持つべきは権力者の友！
それだけじゃなく
斉彬様が有能だから幕府も一目置いているのでごわすよ
おりしもその頃の幕府は
黒船来航で大混乱中
開国シナサーイ
米海軍司令長官　ペリー
嘉永6（1853）年浦賀《うらが》

二百年以上も鎖国政策を続けてきた日本でしたが
オレとつきあいなよー
イギリス
やだーっ こっち くんなー
日本
やさしくするよー
ロシア
アメリカ
来年返事待ってるよー
オランダ
旧知の仲じゃなーい
武士や庶民の不満がつのり弱体化した現在の幕府が諸外国からの開国要求に立ち向かうにはあまりに非力でした……
こんなときは将軍の判断を……
家定
ボクちんしんどい そういうのよくわかんないっ
……
うん！
みんなで考えるっきゃないね
三十四歳の若きリーダー阿部正弘！朝廷のみならず外様大名まで広く意見を求め幕府の政治に参加させます
つまりは大連立政権！
開国派
さからって欧米と戦争したら負けちゃうじゃん！
開国拒否して欧米と戦争しても勝てばいいじゃん！
攘《じょう》夷《い》派
当然国内はまっぷたつ！

薩摩藩主となった斉彬の意見はというと
うーむ…
開国しなければ日本は西洋から取り残されてしまう……
しかしただ開国するだけではアメリカやイギリスにつけ込まれるのは目に見えている……
列強と対等に渡り合えるよう国力をつけるのが第一
………
西郷
……今度の参勤交代にはこの男を連れて行こう
この男……と申しますと？
はっ
この男 ←
おいが？
斉彬様のお供で江戸へ!?
すごいよ吉さん大抜擢《だいばってき》だ！
………
ぱく
ぱく
ぱく
亡くなった父上や母上もさぞや喜んでくださってることでしょう

嘉永7（1854）年
初めての殿のお供
初めてのお江戸
薩摩のため
おいはがんばりもす！
ところで西郷と
いうのは
どの男だ？
あちらに控える
ひときわ大きな
男がそうです
178cm
100kg！
たしかに……
でかっ
当時の成人男性の
平均身長は
155cmでした…
なんという目力……
全部のパーツが濃い……
この世にこのような
人の顔があるものか……
ちょ！
ひどー
江戸に出府後
西郷はお庭方《にわかた》役を
拝命します
庭方役といえば表向きは
庭木の手入れをする役目だが
殿から直接の機密連絡を
受けたりもするいわば
秘書的ポジション
ちょき ちょき ちょき
ちょき ちょき ちょき
ちょき ちょき
ちょき ちょき
なにこの
スピード出世？
斉彬は西郷さんの
何をそんなに
気に入ったのか

西郷
はっ…
そのほうかねてより
役人の不正についての
意見書を送ってきて
おったろう
ははーっ
——若いのう
!
おそれながら
若いかどうかは
関係ございません
これ！
西郷！
よい
上に立つお方が
自らを律して
いただかねば
薩摩の国は——
よいか
西郷
人にはそれぞれ
考え方があり感情があり
立場があるのだ
どんなに正しいことを訴えても
協力してくれる人間がいなければ
一人では何もできないし
何も変わらない
何かをなしたいときは
まず周囲をよく見て
協力者を作ることだ
どうしたら協力してもらえるか
わかるか？

「この人物は私利私欲で動いているわけではない」そう思ってもらうことだ
ま、西郷のような嘘がつけないタイプには言うまでもないんだけど
ふんふんふんふん
(その通りでごわすっ)
ププププ
しかしながらその正義感はお前の強み
いいものを見せてやろう
これは⁉
フッフッフー
地球儀と申すものだ
これがアメリカ
でかっっ
この赤いのが日本
ちっさっ…
くるくるくる
じゃ……じゃあ薩摩は……
米粒大………
うそーん。
世界は広い
幕府は今年ついにアメリカの圧力に屈し「日米和親条約」に調印して一部港が開港した
ベリグー
この後イギリス・オランダロシアとも同条件で条約を結びます

お前の正義感は買うが
それだけでは改革はできない
鹿児島城の堀のカエルではなく
「日本のカエル」になるのだ
わしのもとで
励め！　西郷
はっ
斉彬の秘書として動くことで
諸藩の大名や
高名な学者にまで
顔を売ることができたわけだ
徳川斉昭《とくがわなりあき》
松平慶永《まつだいらよしなが》
伊達宗城《だてむねなり》
開国派攘夷派
いろんな立場の人から
情報を集めろというのが
斉彬様の命だったで
ごわすよ
なかでもおいの心に
ガツンと響いたのが
このお二人
水戸藩の論客
藤田東湖《ふじたとうこ》
今の日本に必要なのは
天皇を中心とした政治だ
尊王攘夷派
越前藩の伝説的秀才
橋本左内《はしもとさない》
日本はロシアと手を結ぶ
べきだと思う
開国通商論者
二人とも
超博識で
ございもす！

――とここで
将軍継嗣《けいし》問題勃発
一橋派
徳川斉昭第7子
一橋慶喜《ひとつばしよしのぶ》
ワー
ワー
ワー
ワー
徳川慶福《とくがわよしとみ》（家茂《いえもち》）
紀州徳川家藩主
ワー
南紀派
死にかけ将軍家定の次の座を狙い
中央政権に食い込みたい一橋派と
既得権を守りたい南紀派が一騎討ち！
ひどい…
阿部正弘
斉彬
井伊直弼
お血筋じゃなく
優秀さで
決めるべき！
一橋派
けっっっっ
南紀派
外様大名のくせに
慶喜様をたてて
発言権を持とうと
たくらんどるん
だろう
その通り
とここでなんと
一橋派のリーダー
阿部正弘が急死！
南紀派が一気に勢いづきます
鹿児島に帰ってきました
う～ん
このうえは慶喜公を
次期将軍にするお許しを
帝からいただくしかあるまい
おいが江戸に行き
橋本さあとも相談して
段取りをつけもす

江戸
というわけで
大奥もぜひ慶喜様を推していただきたく
家定正室
篤姫《あつひめ》
うーん
お父上(斉彬)のお願いだから近衛様にお手紙は書くけど
近衛《このえ》忠熙《ただひろ》
篤姫は近衛家の養女として徳川に輿入れしたのです
幕府の財政難は大奥の無駄遣いが原因!
徳川斉昭
慶喜の実父斉昭は大奥に嫌われちゃってるし……
…
てかそもそもダンナも嫌ってんのよねー…
朝廷への工作を進めるうち西郷は一人の僧と出会います
ウワサ通りの大目玉…
あなたが西郷はんですか
尊王派の僧
月照《げっしょう》
これからの日本はあなたがたのような若い人の力が必要です
私が朝廷との橋渡しとなりましょう
よろしくお願いしもす!

西郷らの画策はいったんは成功したかのように見えたのですが
大変だ西郷さん
南紀派リーダーの井伊直弼《いいなおすけ》が大老に就任した！
なに!?
安政5（1858）年4月大老となった井伊は次々重要議案を断行していきます
6月には朝廷の許可なく日米修好通商条約を締結
ハリス
だっていつまでたっても勅許がおりないし
すっごく不利な条件だけど清《しん》みたいになるよかマシでしょ
みんな現実見なきゃね〜
井伊直弼
その六日後には次期将軍を慶福に決定
あ そうそう
負けた慶喜公は江戸城に登城禁止ね
一橋派の皆さんも隠居してもらうから（除く斉彬。反発怖いし……）
くそーっっ。
かくなるうえは兵を率いて京に上るという斉彬様のお考えを一刻も早く実行してもらうほかない
兵を？
殿の本気を朝廷に見ていただき井伊の独裁を止めていただくのでごわす！
京でお待ちしてま
西郷

西郷さん
薩摩からの急ぎの文が
斉彬様からのお返事でもすな
どれどれ
殿はいつ京に……
どないしはった?
西郷はん
斉彬様が
お亡くなりになった……?

すぐおそばに
逝きも———す
わああ
西郷はん！
止めんでくれ！
殿がおられん世に
生きるかいはなか！
じ
じじじじ
腹を切って斉彬様が
喜ばれるとは
思いません
斉彬様が
なしとげられんかった
改革をあなたが繋《つな》いで
いかんでどうします
世界は広いぞ西郷
おまえは
日本のカエルになれ
安政5（1858）年7月
西郷の人生から太陽が消えた日
わかりもした！
おいは……
おいは必ず殿の御遺志を
ついでいきもす！
西郷の心に小さな希望の
太陽が生まれた日でもありました

ザッパーー！
敬愛する島津斉彬公の突然の死から一年……
安政6（1859）年
西郷は奄美大島《あまみおおしま》にいた
島の名士
龍《りゅう》 左民《さみん》
先生 調子はいかがですか
おう！ 龍さあ おかげさまで 大漁でごわすよ
わっはっはー
ホントだ すご――い
――っていやいや 何のんきな空気感かもしだしてんスか 西郷さん
斉彬様の遺志を継ぐんじゃなかったの？
……
なんだって 奄美大島!?
月照和尚はどうしたの？

島行き!?
鹿児島
種子島
屋久島
奄美大島
喜界島
徳之島
沖永良部島
与論島
斉彬公亡きあと
反幕府勢力への井伊直弼の
弾圧がいよいよ本格的に
なってきたんでもす
安政《あんせい》の大獄《たいごく》だ!
てことは
西郷さんも
井伊に遠島に
されちゃったの?
いや……
幕府にたてつく人間は
全員ひっとらえろー!
安政の大獄では
尊王攘夷派の志士や一橋派の大名など
百人を超える人間に片っ端から
死罪遠島が命じられていました
わるい直弼…
御用だ
吉《よし》田《だ》松《しょう》陰《いん》殿や
盟友・橋本左内殿も
つかまって
しもうた
おいと一緒に
薩摩に逃げましょう

ところが
斉彬様のために骨折りくださった月照様を受け入れられないと申すか！
倒幕計画に加担した月照殿をかくまえば薩摩藩もアンチ幕府だって思われます
斉彬様が藩主だったときとはもう立場が違うのですよ
実質権力者
久光
みんな兄上ばっかりほめるから私だってデキるとこ見せたいの♡
……月照殿は日向《ひゅうが》への永送《ながおく》りにせよとのお達しです……
・・・
！
【永送り】薩摩から国境へ送り出すこと。いわゆる国外追放だが、日向送りとなった者は当時国境で斬り捨てるものとされていた
そんな……！
――お供をお願いします西郷はん
薩摩はどこよりも義に厚い藩であったはずなのに
幕府の顔色をうかがって恩のある人間を見捨てるというのか――
よい月ですな西郷はん
月照様…！
もうここはおいの愛する薩摩ではなかか――

月照様
おいはあなた様を一人では死なせもはん……!
わー!?
西郷さんと月照様が海に――!
月照様をかかえ船から錦江湾《きんこうわん》に身を投げもした
脚
…はついてる
月照和尚は……
……
嘘!
一人だけ生き残っちゃったわけ!?
・・・
ぐさっ

あっ…… ごめん……
よ……よか……
ぷる ぷる
一命をとりとめた西郷が知人にあてた手紙には「私事土中の死骨にて」と書かれていたとか
おいはもう死んだも同然
おのれという者をあんときに全部捨ててしもうたんだと思うちょる
実際いまおいは幕府への手前表向きは死んだことになってるんでごわす
ごていねいに墓まで作って……
西郷吉兵衛改め 菊池源吾《きくちげんご》
ここへは藩命で身を隠しているわけで……
人望の厚い先生を切腹させるわけにもいかんかったんでしょう
死んじゃったら話も続かないもんね！
そろそろ帰りもすか
はいっ
先生！こんちわっ
おう 勉強しちょるか
こっちでも人気者だね西郷さん

いやー最初は難儀でございもした見物人も多かったし
あれが薩摩から来た男だ
ヒソ
ヒソ
ヒソ
…
本当にデカいなー
ならず者だっていう噂だが
じめ
じめ
じめ
うっ
うっ
雨も多いし……
フィラリアにまでかかっちゃって……
キャー!!
タマタマがでっかくなっちゃったっっ
タマタマが?
大変!
メシのとき膳に使うちょるよ
ハハハ
大久保どんにもついつい愚痴の手紙を書いてしもうたりして
いつか必ず戻っていただけるよう働きかけますお待ちください
手紙もタイムラグがあるから大変…
でもいまはすっかり馴染《なじ》んでる感じ♡
ん…
ただいま
あ♡
おかえりなさいませ旦那様
奄美大島での妻
愛加那《あいかな》
長男
菊次郎《きくじろう》

え〜……
つまりこういうことで……
ぱおお
うちの龍家の娘なのよ
そういうことですかあ〜
よかよかー
まじめな西郷さんといえど一人の健康な男子だもーん
美人じゃんウリウリー
むしろいままで女っけ皆無だったことのほうが不思議なわけでー
いや……嫁さんは薩摩にいたときもろうとったんだが
仕事が忙しすぎてほとんど家に帰られんかったもんで
実家に帰らせていただきます…
元ヨメには申し訳ないこともしてしもうた
けど……いまこうして藩の仕事から離れてみると
あぶ……ぶ……
こういう暮らしも性におうとるかなーなんて……
キャッキャッ
菊ちゃんあばばばば
先生！大変だ!!

どうした
サトウキビが不作で年貢を納められんかった百姓が代官所に連れて行かれて……
これから拷問にかけられるちゅうて
!
百姓を追いつめてはなら――――ん!
ドドドドドド…
わああ何!?
西郷さんといえど口出しは無用だ おはんはもう藩の役職をとかれとる
役はないがコネならある
ならば おはんの日頃のやり口を殿に直談判《じかだんぱん》するがよろしいか?
ひょっとして……ワイロのことも……?
……仕方ない 今回は許してやろう!
ワッ

ありがとうございます
先生は神様じゃ
当たり前のことをしたまでだ
……あの百姓たちは自分らが作っとる砂糖の甘さすら知らないのだな……
迫田様……
虫よ虫よ五ふし草の根を絶つな絶たばおのれも共に枯れなん
あの頃から藩のやり方は何も変わっとらん
苦しむのはいつも百姓だ
斉彬様が亡くなり月照様もむざむざ死なせてしもうた……
橋本左内殿や長州の吉田松陰殿も井伊によって斬首されたと聞く
おいは……
おいはなぜまだここでのうのうと生きちょるのか――――?
おっ
薩摩より文でごわすか
菊池源吾殿
旦那様?

それは大老・井伊直弼が
水戸藩を中心とする尊王攘夷派の志士により
江戸城桜田門外にて暗殺されたことを
知らせる便りでした
waohhhhhhh!!!
しかも隣の郷中だった
薩摩浪士の
有《あり》村《むら》次《じ》左《ざ》衛《え》門《もん》が
首をとったと
でかした！
ちぇすと
ちぇすとぉ
ちぇすとぉおおお
斉彬様！
月照様！
左内さぁ！
やったよ☆
これってテロだと
思うんですけど
ぞ〜
このとき西郷は
自分のアンダーヘアを
ひきちぎり周囲に
バラまきながら飛び跳ねた
というエピソードがあるのですが
超めいわ……
いや嬉しかったん
だねー……
ゆ〜
井伊の死をきっかけに
尊王攘夷派は
一気に形勢逆転
薩摩藩に
西郷殿の力を
お貸しくだされ

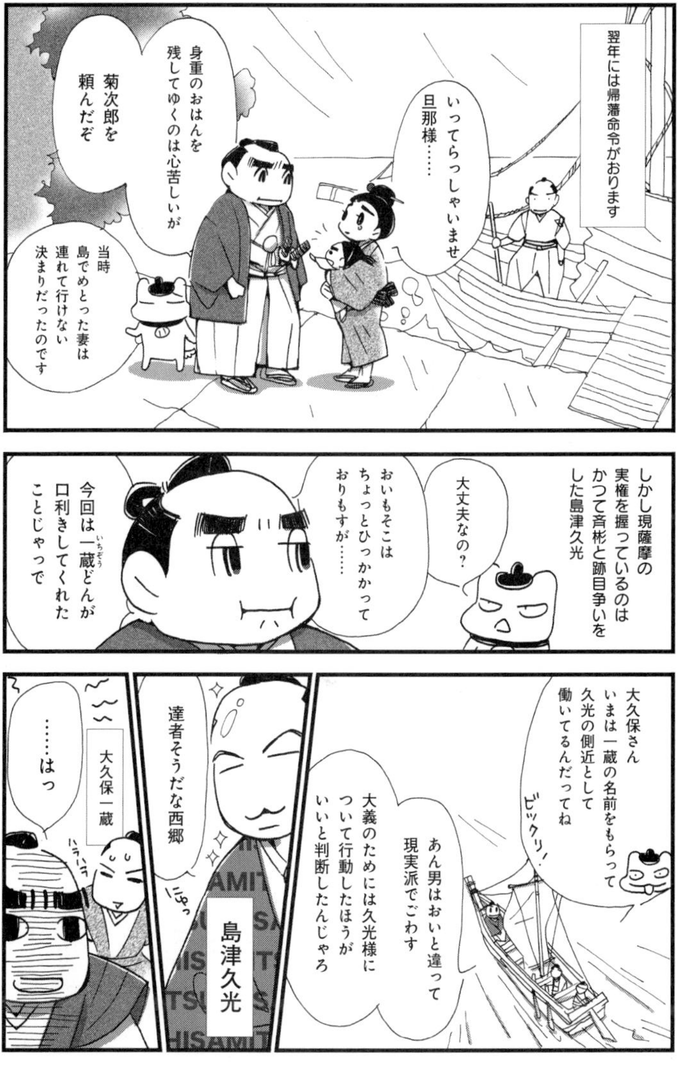
翌年には帰藩命令がおります
いってらっしゃいませ 旦那様……
身重のおはんを残してゆくのは心苦しいが 菊次郎を頼んだぞ
当時島でめとった妻は連れて行けない決まりだったのです
しかし現薩摩の実権を握っているのはかつて斉彬と跡目争いをした島津久光
大丈夫なの？
おいもそこはちょっとひっかかっておりもすが……
今回は一蔵《いちぞう》どんが口利きしてくれたことじゃっで
大久保さんいまは一蔵の名前をもらって久光の側近として働いてるんだってね
ビックリ！
あん男はおいと違って現実派でごわす
大義のためには久光様について行動したほうがいいと判断したんじゃろ
達者そうだな西郷
にやっ
島津久光
大久保一蔵
……はっ

幕府が弱体化してる いまこそ薩摩の力を アピールするチャンス なわけよ
そこで!
どやァ
兵を率いて京にのぼり 朝廷からの幕政改革の詔勅を もらおうと思ってな
ははっ
その点 この西郷なら 江戸や京にも 通じており 朝廷にも顔が ききますゆえ……
反対でごわす
えっ
……でも 率兵上洛は 亡き兄・斉彬の悲願 でもあったし
あのときとは 状況が変わっておりもす
ちょ…吉さ
いま軍を率いて 京にのぼれば 大混乱になり申す!
おそれながら 御前には
地ゴロ(田舎もの)
であられるゆえ
わかんないかと…
ボソ!…
さくっ…
……
ちょっと大久保っっ せっかく戻してやったのに あいつひどくねー!?
すすす すみません
うそは つけんもんで!
本当に嫌いなんだねェ…

吉さあの
意見は正しい
久光様は実際地ゴロだし
しかしだ・
いまは藩としても勝負どき！行動しなければ長州に遅れをとってしまう！
ここは協力してたもんせ！
がばっっっ
一どん……
上洛計画はまず西郷が先行して出発し下関で情報収集しながら久光の一行を待つという段取りだったのですが
京へ
下関
合流
薩摩
久光様が率兵されたという話を聞きつけて
血気盛んな尊攘派の志士達が続々と京や大坂に集結しているらしいですぞ
みんな情報共有早いよな
メールもないのにな
わ〜ん
心配していた通りでごわす〜
久光様のお考えは公武合体……
朝廷と幕府が協調体制で政治を行う
しかし若い志士はクーデターを狙っとる……
弱腰の幕府をぶっつぶせー
ソンノージョーイ!!
ソンノージョーイ
!!

すぐ止めにいかんと
一足先に京にいってきます！
えっ
わあああ西郷さんちょっと
――で行っちゃったと……？
ヒク
私の命令を無視して……？
吉さあ……
尊攘派のリーダーにでもなるつもりなのかね？
ヒソ
ヒソ
ヒソ
こらめったなことを
くる
くる
はっ
……大久保
ヒク
今度という今度は
キレていいよね？
西郷をひっとらえろ――！
追って沙汰を待て――！

ザッパーン
あれからまた流れ流されて……
文久2（1862）年 西郷は沖永良部島《おきのえらぶじま》にいた
たった半年で
島流し!?
ハハ…
沖永良部島
奄美大島より遠くまで来てしもうた
しかも今回は罪人として来てるからマジ牢屋でごわす
大変大変
てかこの作り犬小屋以下ですよ……
ふきっさらし……
ざざざ
よかよか
一どんが止めてくれんかったら切腹もやむなしじゃったで
……こんなひどい環境でよく本とか読めますね
……ずっと考えちょったです
伝習録
言志四録

西郷が逮捕された頃
京都伏見《ふしみ》の寺田屋では
暴発寸前の薩摩藩士と
久光が差し向けた鎮圧部隊との間で
一騒動が起こっていました
ついに薩摩藩士の同士討ちで死人が出てしもうた……
とうに死んでてもおかしくないことばっかりじゃっど…
それでもおいは今でもこうして生かされちょる
ならば
これがおいの天命ちゅうもんかもしれん
天命
そう
どんな人間にも天命はある
敬天
おいにこれから先何ができるかはわからん
けど尊敬する天に恥じることなく生きすべての人を愛せる人でありたい
そう思うんでもす
愛人

――もす……
敬《けい》天《てん》愛《あい》人《じん》
それ聞いたことある!!
で？
愛人がなんだって？
わくわく
いや違うし
誰が見てなくてもお天道様が見てるから悪いことはしちゃいけない
なんて言われたことはありもはんか？
ヤッ……
あーあるあるー
我が道を往くときはお天道様――すなわち天に恥じぬ生き方であるように
天の愛は皆に平等に降り注ぐから自分を愛するように他人を愛することが大事
それが「敬天愛人」の考え方でありもす
お……おう……

西郷さん…
なんかすごい境地に
島役人
土持政照《つちもちまさてる》
敬天愛人の心
すばらしいです!
西郷どん
……誰?
おいを監視
してくれちょる
土持どんでごわす
どーもー
罪人と役人という
対極にある立場ですが
西郷どんのすごさは
わかります
そこで
じゃ
じゃん!
風雨完全
シャットアウト!!
西郷どんのため
ポケットマネーで
新築の座敷牢を
建てちゃいました―!
お酒も
つけます―
えっ
いいの?それ…
西郷どんを助けることは
結果的に島の人間の
教育になること
これが役人としての
私の敬天愛人
なのです
キラ
キラ
土持どん……
先生
先生

おはんは
おいの志を継ぐ
男でごわす！
がしっっ…
兄弟《ブラザー》！
実際土持くんは
西郷と義兄弟の契りを
交わしてます
——てな感じで
西郷が自分の道を
模索していた頃
中央では……
沖永良部島の
中心で
敬天愛人を叫ぶ
長州の尊王攘夷派が
再び勢力を拡大
久坂玄瑞《くさかげんずい》
外国なんぞ
たたきつぶしてしまえ〜
ちゃどーーん
どんどんどーーん…
イキ
イキ
無能の幕府にかわり
我が長州が帝をお守り
するのだー！
NO MORE 幕府
英公使館焼き討ちとか
下関の外国艦船
砲撃とか……
朝廷内でも
意見はまっぷたつ
岩倉具視《いわくらともみ》
外国人はいけ好かないが
長州のやり方は過激すぎますな
しかしいま我々公武合体派は
ちと分が悪い……
ヒソヒソ

そして薩摩藩も……
イラ
寺田屋騒動で
薩摩藩士を犠牲にしてまで
攘夷派過激分子を始末したのに
長州のやつらなんでまた
のさばってるの？
HISAMITSU
イラ
久光様
あのー
何!? わし今忙しいんだけど！
きっ
はっ
イギリスから
生麦《なまむぎ》事件の賠償金請求
が……
ピク…
賠償金……
はー…
まったく
イギリス人て
やつは……
そもそもアレだろ？
わしの大名行列を
横切ったイギリス人を
切捨御免にしただけの
話だろ？
そーいうのは
日本じゃ事件とか
言わないの！
ただの無礼討ち！
ごめん！
マイカー
お金なんか
払う必要全然
ないから！
でも国際的には
違うみたい
なんですよ〜

それに
国の方に請求した十万ポンドは幕府がもう払っちゃってるらしいですし……
うちも払わないと…
むー
……ちなみに薩摩にはいくら払えって?
二万五千ポンドです
……それって何両?
約七万五千両です
……それって現代でいうと何円ぐらい?
だいたい
75億円
…
ぜーったい払わないからっっっ
ぺっぺっぺ
ハーーッ!!
当然イギリスは黙ってません
英代理公使
J・ニール
仕方ないちょっと脅かしてやるか
なーに我が英国海軍が誇る旗艦ユーリアラス号を見せつけてやれば
——っていきなり砲撃してきやがったよ薩摩のやつらあああ
どどーん
どどーん
どどどーん
文久3(1863)年
薩英戦争ぼっ発

薩摩自慢の砲台と鹿児島の町があっちゅうまに焼き払われてしもうた……
やはり西洋の力はすごか〜
攘夷ムリムリ!!
——といってもこの戦争結局両者大打撃を受け三日で終結以降両国の交流が始まるきっかけになってます
誇り高き英国艦隊が……旗艦長まで死んでしまった
なめてかかっていたらあやうく負けちゃうところだった
薩摩…おそろしい子!!
というわけで
賠償金は幕府に借金してお支払いします
結局返してないけど…
犯人も見つけ次第処罰しましょう
見つける気ないけど…
OH! わかってくれましたかー
時に
貴国がお持ちのあのアームストロング砲あれはなかなかのものですな
おっ♡
わかります? なんせ最新式の大砲ですからネ

あれちょっと
薩摩に売って
いただけもはんか？
何のために？
…
そりゃもちろん
おぬしの国に
勝つためでごわす
幕末ジョーク
ちゅどー
……西郷さんといい
このエピソードといい
薩摩人は
人の懐に入り込むのが
得意なんですかねえ……
何の話で
ごわすか？
薩摩とイギリスが
戦争――――!?
当時沖永良部島に
来る情報は数カ月の
タイムラグがあったのね
いやもう
とうに終わってん
ですけどね
何に使うん
ですか？
これはお国の
一大事！
土持どん
木材を用意してくいやい
そりゃもちろん
木材で

船を造って薩摩に帰るんでもすよ
それフツーに
脱獄!!
だからもう薩英戦争終わってるの!
報恩丸
そんな西郷の熱い想いが届いたのかどうか……
ん?
沖に見えるあの船は……
元治元(1864)年ついに帰還を許されます
兄上
西郷どん!
いっしょに鹿児島に帰りましょう
お迎えに上がりもした
奄美大島潜居から数えると実に五年におよんだ離島生活を終え西郷は三十六歳になっていました

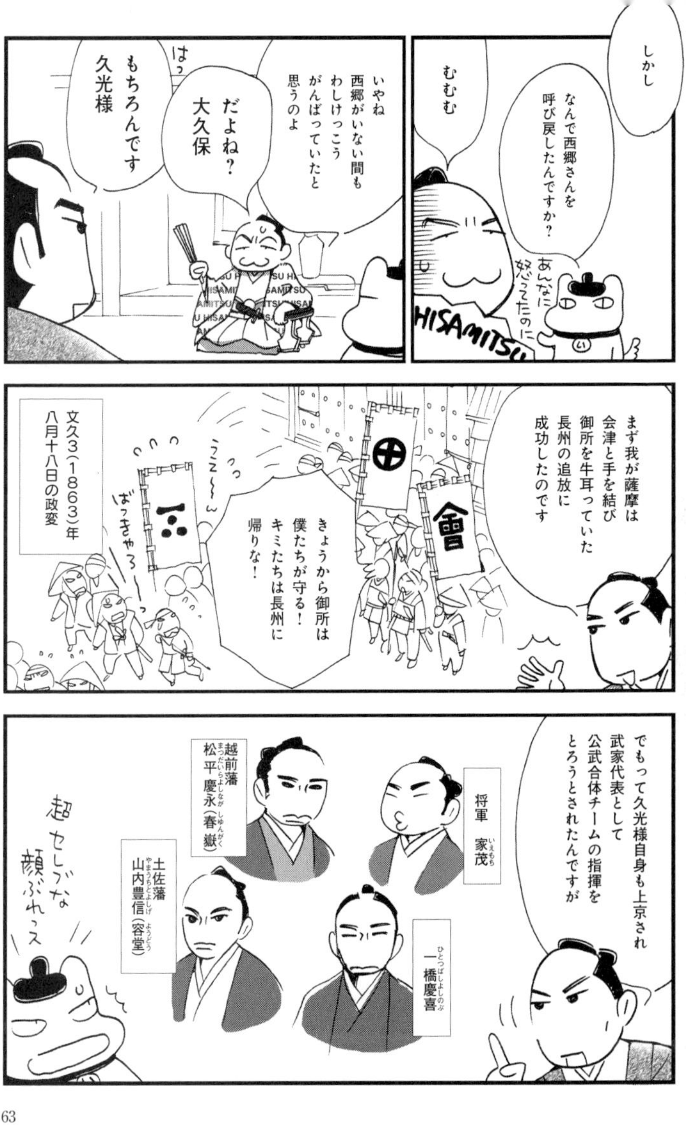

しかし
なんで西郷さんを呼び戻したんですか？
むむむ
あんなに怒ってたのに
HISAMITSU
いやね
西郷がいない間もわしけっこうがんばっていたと思うのよ
だよね？
大久保
はっ
もちろんです
久光様
まず我が薩摩は会津と手を結び御所を牛耳っていた長州の追放に成功したのです
文久3（1863）年
八月十八日の政変
きょうから御所は僕たちが守る！キミたちは長州に帰りな！
うえ～ん
ばっきゃろ～
でもって久光様自身も上京され武家代表として公武合体チームの指揮をとろうとされたんですが
将軍 家茂《いえもち》
越前藩
松平慶永《まつだいらよしなが》（春嶽《しゅんがく》）
土佐藩
山内豊信《やまうちとよしげ》（容堂《ようどう》）
一橋慶喜《ひとつばしよしのぶ》
超セレブな顔ぶれっス

でもさー久光公は
そもそも藩主ですら
ないよね？
なんで格下が仕切ってんの？
藩主の父↓
ドキッ
武家
つーか
幕府側の会津と
手を組んでるって朝廷的には
なーんか信用ならないんだけど
キミほんとーに尊王派？
当たり前ですよ何を今さら
オロオロ
公家
てかキミんとこ今
京とか大坂とかで
評判悪いよ〜
こっそり外国と
貿易してたりするよね？
えっ
えっ
——というわけで
微妙になった薩摩の立ち位置を
確固たるものにするには
誰が必要か……と考えると
やっぱり
西郷どんしか
おらん！
朝廷に顔がきき
幕府にも雄藩にも
シンパがいる
かわいそう…
キー
西郷《ヒーロー》完全復活です

薩摩藩兵の司令官
としての
復帰第一戦目は
元治元（1864）年
禁門の変
御所に砲弾を向ける
長州は朝敵じゃあああああ
撃て！
撃てえええええええ
尊攘派弾圧への
抗議の出兵を行った
長州軍を鎮圧したのです
キーッ
会津と薩摩
超ムカつく〜〜〜
桂《かつら》小《こ》五郎《ごろう》
（木戸《きど》孝允《たかよし》）
なんでオレらが朝敵になるのっっっっ
しかし
池田屋事件
からこっち長州は
やられっぱなし……
高杉晋作《たかすぎしんさく》
この一カ月後には
英・米・仏・蘭の軍艦から
下関を総攻撃され
ちゃうの…
でかした
でかした
長州征伐の参謀は
西郷くんに任せたから
とりあえず指示出すまで
待機してて
将軍　家茂
・・・
今回は御所をお護り
するためにやむなく
会津の援護で戦ったが
幕府のやり方は
どうにも性に合わん……
そんなとき西郷は
一人の男と出会います

西郷さん
いまの幕府に
天下を動かす力なんぞ
もうどこにも
残っちゃいねえよ
フフッ
幕府軍艦奉行
勝《かつ》 海舟《かいしゅう》
でもでも
そんなことを
幕臣である勝先生が
言っちゃって
いいんでごわすか
そりゃおめえ中にいる人間
だからよくわかるんだよ
あー
いまは西洋列強が
スキあらば日本を
乗っ取ってやろうと
手ぐすね引いてる時代だ
この国を
清の二の舞に
しちゃいけねえ
清はアヘン戦争に負け
香港島を占領されちゃったの

もう薩摩だ長州だと国の中でちまちま戦ってる場合じゃねえんだよ
雄藩が力を合わせ国政改革に乗り出さなきゃ
この国は終わっちまう
……は――
さすが斉彬様もほめてた人物
すごかお人でごわす勝先生
幕臣にしとくのはもったいなかー
大村益《おおむらます》次郎《じろう》
でも確かに今後改革を進めるためにも
長州への処罰はできるだけ穏便に済ませ実力者は生かしておきたい……
高杉晋作
桂小五郎
それに幕府のことだ長州を片付けたら次のターゲットは我が薩摩……
うーん…
よし・
会いにいきもす
えっ
誰に？

——て
敵地の下関長州軍本部に直接乗り込んできちゃったよ西郷さーん
八月十八日の政変や禁門の変で我々が薩摩を憎んでるってことは百も承知のはず……
…
ヒソ
ヒソ
なに考えてるんだこの男……
ヒソ
おかしい
征長軍の数は貴殿らの軍の十倍！勝ち目はなか！
いまはひとまず幕府に頭を下げといたほうがよかよ
しかし……
ド直球…
悪いようには絶対せん！約束するでごわす
んむむむ…
捨て身の説得で長州は表向きは幕府に謝罪戦は回避され禁門の変への処分も軽く済んだのです
これも日本の未来のためじゃ
ぶーぶー
會
一気につぶしちゃえばいーのにー

が、
上様
高杉晋作の
組織した兵が
不穏な動きを……
家茂
なんと
やはり長州の
謝罪は
建前であったか
というわけなので
第二次長州征伐始めようと
思いまーす
ホレこの通り勅許も♡
幕府
長州討ってよし!
おいの苦労だいなしー
しかしこの時期の
西郷さんの移動距離は
すさまじいですよね
日々情勢が
コロコロ変わって
いきもはんでな
先月は京で
情報収集
これから鹿児島に向かい
長州征伐についての
薩摩藩の意思統一を
はかりにいくでごわす!
あのーー
そちらにごいっしょ
されてる方は……
こん方は同じ
薩摩藩士の
小松帯刀《こまつたてわき》殿

そして
こんお方は
ちゃーーす
わしゃ土佐の脱藩浪士
坂本龍馬ぜよ！
坂本《さかもと》 龍馬《りょうま》
帯刀くんとは
京で仲良くなってー
西郷さんとは
勝先生の紹介で
知り合ったんぜよ
ねっ ねっ ねっ
坂本さあは
顔が広いからのー
だてに脱藩は
しちょらんきー
長州にも
顔はきくほうぜよ
わしゃあ新しい日本のためには
薩摩と長州が手を組むことが
肝やと思うちょる
犬猿の仲の
薩摩と長州が
手を組む……！
ごくり…
日本の夜明け……
幕府滅亡の
ときは近い……！

ピチョン
ピトン
慶応元（1865）年
鹿児島　西郷邸
——しっかし……
坂本龍馬
ザアァ
…
トホホ…
土佐も貧しいが
薩摩も相当じゃあ
幹部である西郷さんの
家にしてこれって…
ピチャン
ピチョン
ポタッ…
わしゃわしゃ
泊めてもらうといって
言うのはなんじゃが
これでは眠れんのう
ボツ…ボツ…
——旦那様
あ！
イトさん
愛加那含め
三度目の結婚です
西郷の正妻
西郷糸子（イト）
いくらなんでも
この有様ではお客様に
申し訳ありませぬ

屋根を修繕いたしましょう
うんうん
そーだそーだ
いや！ダメでごわす
はあ？
西郷さん！日本を世直ししようって男が自宅の屋根ひとつ直せんでどーするっ
イト
いまは日本中が雨漏りしている状態
ピチャン
我が家だけが屋根を直すっちゅうわけにはいかんのでごわす
もうしばらくしんぼうしてたもんせ
…………
旦那様
――はい

西郷さん
おまんはやっぱ
すごか漢《おとこ》ぜよ――！
ぜよ
ぜよ
――と
龍馬は西郷の人柄に
いたく感銘を受けた
そうで
以前わしは
勝先生にあてた手紙で
西郷さんについて
書いたことが
あるんじゃが……
勝 海舟
西郷という男は
よくわからん
やつでした
釣り鐘にたとえると
小さく叩けば小さく響き
大きく叩けば大きく響く
ただその鐘をつく
撞木《しゅもく》が小さかったのが
残念でした
…
コン！
龍馬撞木
西郷釣り鐘
あんときゃあまだ
わしという撞木の
叩き方が
小さかったんじゃな……
西郷さんに大きゅう
響いてもらうには
こちらも大きゅう叩かんと

——というわけで
長州との会談にあたっては薩摩側から和解を申し込む形にしてほしいき
！
・・・
けど長州は薩摩になんどもフルボッコにされちょるき……
八月十八日の政変……禁門の変……
言いたいことはわかる！
いま困ってんのは長州だしね
長州藩士の積年の恨みを思うたら桂さんもこの条件はひけんじゃろ
そっちから謝るんなら受けてやらないこともないんだからねっっっ
桂小五郎
こっちにだってメンツがあるんじゃあ
それともうひとつ
外国商人から薩摩名義で長州に武器を購入させてやってほしい！

薩摩名義で？
おまんも知っちゅうとおり長州は朝敵ってことになってるから外国と取引できなくなっちゅうろー？
その点薩摩は薩英戦争以来イギリスとは太～いパイプを持っちょろうよ
だいぶもうけちょるんじゃろ？
えーまあ
一応密貿易なんで大きな声ではアレです
ポリポリ
長州に武器や軍艦を売るかわりに長州からは薩摩に米を送らせる
いわばスワップ取引
ビジネスマン龍馬！
幕府の目をごまかすためにも直接取引はせず間にはわしの会社が入らせてもらう
三者ともウインウインちゅうわけじゃ
総合貿易商社
亀山社中
代表 坂本龍馬
主要取引先 グラバー商会
米が手に入ったら薩摩も芋侍とか言われなくなるじゃろ
よけいなお世話じゃ……
でも確かに
そういう形にすれば長州とのわだかまりもちっとは解けもすな……
おもしろかことを考える男でごわすな坂本さぁは

よかでごわす
薩摩から長州に
使者を出しもんそ
おおきに西郷さん!
大きな鐘が
鳴っちゅうが!
～～～ついに
この日が来る
とは～～～～
感涙!
土佐脱藩志士
中岡《なかおか》慎《しん》太郎《たろう》
よかったのう
慎ちゃん
実際はおまんが
駆けずり回って
くれたおかげじゃき
西郷どんには
ドタキャンされたり
してたし…
桂小五郎
かくして慶応2(1866)年
京都御花畑の小松帯刀邸にて
薩長和解に向けての会談が
西郷隆盛
スラッ…

――なかなか始まりませんでした
いやー 木戸さんもイケる口でもすな〜……
ジリ ジリ ジリ ジリ
ぷく
なにしちょるぜよーー
ぷく
1月8日に集まっときながら20日になっても肝心の話をしとらんとか……
どいつもこいつも……
薩摩から言ってくれなきゃヤダ
アハハ……
西郷さん
がくっ
しっ
日本のためじゃ
ここは薩摩が男を見せてやって？
慶応2（1866）年1月21日ようやく
両藩力を合わせ
御国のために力を尽くしもんそ
薩長同盟成立

そして同年6月ついに第二次長州征伐開始
ワーワー!
わあ
わあ
わあ
ワー!
わあ
幕府軍は総勢
10万人
の大軍勢
わあ
幕末PRESS
迎え撃つ長州軍は
え〜〜っと…
3500人!?…
ハァァ!?
ケタ間違えてないっスか!?
幕末PRESS
今回薩摩軍は幕府の出兵要請を拒否してます
このままじゃ超不利じゃないっすか
大丈夫!
長州には薩摩が融通して売った最新式の武器がありもす
幕府軍
旧式ゲベール銃
射程距離100〜300m
長州軍
最新ミニエー銃
射程距離600m
それにしたって
さらに!!
ワー
ワー
長州にあって幕府にないもの……

それはズバリ
やる気!!
ジョーイ トーバク
やる気があれば なんでもできる
武士でなくとも いくさはできる
高杉晋作
ジョーイ ジョーイ トーバク
ジョーイ ジョーイ トーバク
大事だね!
幕府軍は 各藩の寄せ集め おまけに戦国時代かっていう古くさい戦法で……
おまえは まだいいよ オレなんか火縄銃よ?
まじかー
幕府もう オワコンだなー
そりゃやる気 出ないっすよね……
長州軍が各地で 勝利をおさめていく中 将軍家茂が 二十歳の若さで死去
心労とも もっぱらのウワサ…
将軍死んだし
休戦
ほんとは撤退だけど……
どよーん……
さらに同じ年の暮れ 親幕府派だった 孝明天皇が崩御
翌年 皇位に即いたのが このときまだ十四歳の 睦仁《むつひと》親王 (のちの明治天皇)
幕府は大きな後ろ盾を 失います

ダサい戦いっぷりに幕府の権威も急降下
このスキに薩摩主導で雄藩連合を作るのだ――!
小松帯刀
久光
メンバーは有力藩の実力者四名 いわゆる四侯会議《しこうかいぎ》です
反幕府派
薩摩藩 島津久光
宇和島藩 伊達宗城《だてむねなり》
土佐藩 山内容堂
越前藩 松平春嶽
親幕府派
加えて家茂亡きあと将軍に就任した
あ〜くさっても将軍様
くさってはおらぬ!!
第十五代将軍 徳川慶喜《よしのぶ》
議題は
慶喜公が勅許《ちょっきょ》なしで兵庫開港を外国に約束しちゃった件と
長州藩の赦免《しゃめん》問題
久光
久光のとった作戦は
長州藩赦免問題を先に話しネチネチ時間稼ぎ
兵庫開港が約束の期日に間に合わなくなる
慶喜失脚
おれってあったまい〜
久光
……あのね

開港せねば我が国は
欧米列強に蹂躙《じゅうりん》されるやも
しれませぬのですぞ
それでもよろしいのかぁ
カッ
久光
キャー
終わってみれば
慶喜一人勝ち！
勅許とったど
——やはり慶喜公は
あなどれぬお方……
斉彬様のもとで
動いていたときは
慶喜公を将軍に推すため
尽力したもので
ございもすが
いまや慶喜公は
完全なる政敵
無駄な争いは
避けたかったが……
慶喜公を……
幕府を討つ！
それしかこの国を
改革する道はない！
西郷が討幕へと
決意をかためていた頃——

坂本龍馬は
秘策があるんじゃ♡
幕府に政権を返上させたらいいき
大政奉還⁉
土佐藩士 後藤《ごとう》象《しょう》二《じ》郎《ろう》
——ていうアイディアが坂本くんから……
こりゃええ
山内容堂
土佐藩最高権力者
さっそく他藩にも提案してみる
全員土佐藩
中岡慎太郎
乾退助《いぬいたいすけ》（板垣退助）
戦いが始まったらわしの責任で土佐藩を参加させるき
それはありがたい
公武合体派
大政奉還の建白書《けんぱくしょ》を出すから挙兵は待ってほしい
えっ
そんなもん慶喜公が出すわけなかよ
討幕派
この時期はどの藩も意思統一がとれておらず土佐藩のなかでも動きがバラバラだったんですね
大久保
ヒソヒソ
フム
討幕には帝からの勅許が必要です
岩倉具視
では討幕の密勅を出していただけるよう私がかけあってみましょう

慶応3（1867）年
10月14日
討幕の勅許
出た――――！
慶喜は
日本を転覆させ
ちゃう悪いやつだから！
こいつぶしちゃって
いーよー
天皇
ちなみにコレ
討幕派のチーム岩倉が
偽造したって説が…
てかたぶん
偽造!!
これで堂々と
挙兵できる
さっそく
長州（山口）と
芸州《げいしゅう》（広島）とで
討幕の兵を
フフ
申し上げます
たったいま
幕府が
大政奉還したとの
報が入りまして
ございます
慶喜公
……
ぐううっ
またしても
やられた……！

政治の実権をひとまず
天皇に返上する形にしておけば
討幕の大義名分はなくなる
陛下は十五歳だし
今の朝廷にも
政治運営能力はゼロ……
つまり真の実権は
変わらず幕府のまま
だってキミたち300年近くやってきたんだしー
ボクらムリムリっっ
ま
名を捨てて
実をとった
ってことよ
征夷大将軍の職も辞したしぬかりなし!
大政奉還しても
徳川はなお
四百万石の大大名
機を見て必ず
返り咲きを狙ってくるはず
ぐしゃっ…
!
……とりあえず
この密勅を鹿児島に持ち帰り
あらためて出兵上京
しもんそ
えぇ?
討幕の密勅
でもそれもう
効力ないでしょ?
…
嘘つくの!?
郷中教育で嘘はだめってあれほど

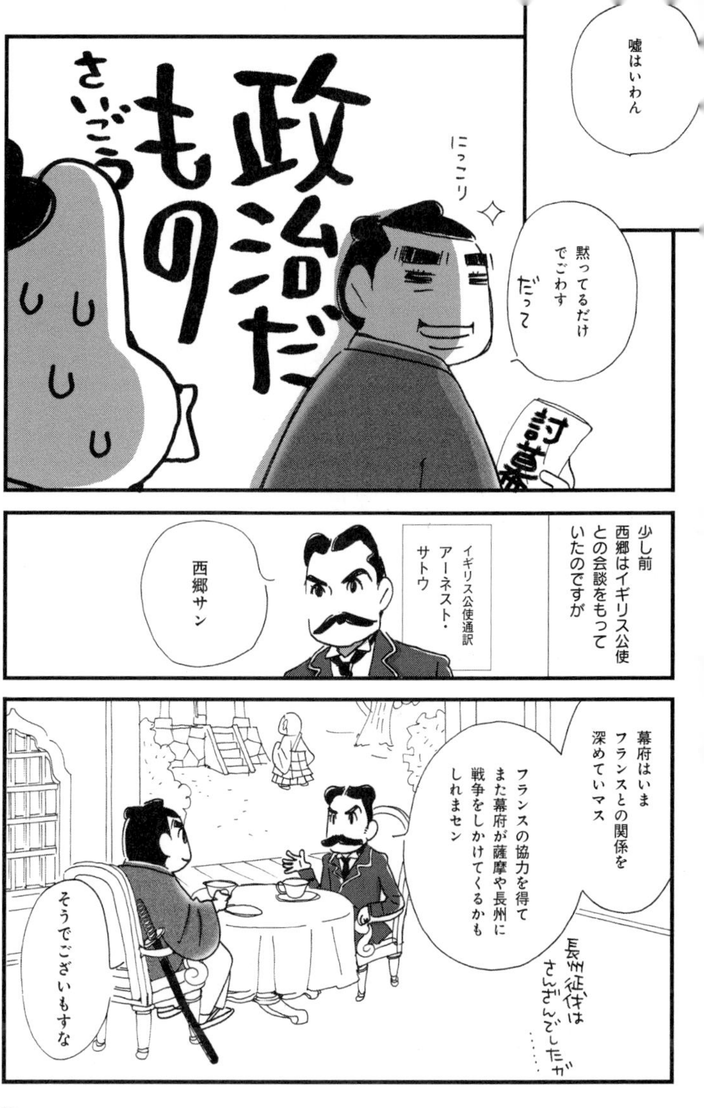
嘘はいわん
黙ってるだけでごわす
だって
にっこり
政治だもの
さいごう
少し前
西郷はイギリス公使との会談をもっていたのですが
イギリス公使通訳
アーネスト・サトウ
西郷サン
幕府はいま
フランスとの関係を
深めていマス
フランスの協力を得て
また幕府が薩摩や長州に
戦争をしかけてくるかも
しれまセン
長州征伐はさんざんでしたが……
そうでございもすな

もしイギリスの力が必要になったら我々はいつでも薩摩の味方に――
カキャ…
確かにいまの日本は混迷をきわめとる
だがイギリスの力は借りん
ゴォォォオ。。。
日本の改革は日本人の手で行うべきでごわす！
ン。。
大政奉還から一カ月後
中岡慎太郎
坂本さんにはやはりこれから誕生する新政府でも力を発揮していただかなくては
いや～
わしにはそういう堅苦しいことは無理じゃ
わしはこれからは世界中の海を旅してビジネスをしたいんじゃ
そうじゃな
世界の海援隊《かいえんたい》にでもなるかのう
ハハハ

ガタッ
バタバタバタ…
なんじゃ？下がえらい騒がしいのう
ガラッ
慶応3（1867）年11月15日
京都近江屋にて坂本龍馬と
中岡慎太郎が襲撃を受け
暗殺されます
坂本さぁー
ちなみに実行犯は現在では京都見廻組《みまわりぐみ》という説が有力ですが西郷が黒幕ではないかという説もいまだ根強く
それほどに
坂本発案の大政奉還はダメージ
だったんですね

坂本さんは生前
新政府が設立したとき用の
方針案を残してたんですよ
これ
新政府綱領八策
して
坂本さぁは
誰をトップに
しようと……？
伏せ字でした←
〇〇〇自ラ盟主ト為リ
誰の名前
入れても
使えるけェの
……
〇〇〇に入るのは
土佐の山内様か
越前の松平様か……
もしや
徳川慶喜様……？
呼んだ？
元将軍
させるかぁー
実はこの頃西郷は
藩主忠義《ただよし》を総大将とした
藩兵三千名を率いて
上洛のまっただなか
ざっ
ざっ
ざっ
ざっ

大政奉還後の新政権は
とりあえず有力大名による
諸侯会議によって
決めることになって
いたのですが
…
徳川慶喜や
親徳川派の発言力も
まだまだ強かった
わけでして……
慶喜
ちらっ ちらっ
ダメ押しとして
薩摩藩をはじめとする討幕派の兵が
親徳川派の公家を閉め出して
御所を取り囲むなか
江戸幕府
終了決定
天皇政治
はじめ
王政復古の大号令！
当然その後の会議では……
討幕派
慶喜公の
官位と領地は
全部取り上げるべき！
岩倉具視
大久保利通
親幕派
慶喜様のいない席で
それ決めるのって
不公平だから！
両派閥が大紛糾……
山内容堂
松平春嶽

けんけん
なんで そんなにヨシノブの 肩もつのっ
話し合いで 決めようって 言ってるだけでしょ
オレは 公議政体派なのっ
がくがく
ま…… 当然の結果
ちっくしょ〜〜
容堂のやつ 一歩もひかない〜〜〜
休憩中
くったし…
岩倉
どうしよう 西郷さーん
そげなこと
匕首《あいくち》（短刀）一本あれば 片がつくことでは ごわはんか
〈訳〉いざってときは 実力行使。
ゴクリ…
この言葉に奮起した岩倉は 短刀を懐に入れて会議に戻り 反対派を気合いで圧倒
じゃっ
慶喜くんは 辞官納地ってことに 決定ね
たじっ…
まさか本気で御所で 刺すつもりはなかったでしょうが
討幕派も文字通り
必死です

この闇議決定に当の慶喜は
こんなこと家臣が知ったら大騒ぎっすよ〜
のらり
くらり
のらり
ちょいペンディングさせてくださ〜い
くらり
京にいたら目障りでしょーしいまは大坂城でおとなしくしてますねー
まだしっぽを出さないでごわすか……
イラッ
……浪士を五百人ほど集めて江戸で暴れさせてほしいでごわす
ヒソ
ヒソ
ヒソ
放火とか略奪とかとにかく派手にやっちゃって
えっ
——いま江戸市中の警備をしているのは譜代大名である庄内藩
何でそんなことを……
?
この件の黒幕が薩摩とバレたとき庄内藩はきっと報復してくるはず……
申し上げます！三田の薩摩藩邸が何者かによって焼き討ちにあったとの報せが
黒西郷《ブラック》発動!!
ひらひら
おっしゃひっかかったー

大坂城
薩摩の狼藉《ろうぜき》にはもうこれ以上我慢がなりませぬ！
京に向けて兵を挙げましょう
上様！どうかご決断を！
あわわ
まんまと西郷の仕組んだ挑発にのせられてしまった
うわーん
なんとかここまで戦を避けてきたのにぃ〰〰
もうわしには家臣を止められない……！
かくして慶応4（1868）年1月3日会津藩、桑名藩を主力とした旧幕府軍が京へ進軍を開始
鳥羽伏見の戦いを発端とする戊辰《ぼしん》戦争が始まったのです

ちなみに今回の軍勢は
新政府軍　約五千人
旧幕府軍　約一万五千人
どどーん…
あのーーム
単純に兵力差が三倍もあるんですが……
大丈夫！こっちには長州の火器がありもす
大丈夫っスか？
でも
旧幕府軍もフランスから最新銃器手に入れてますよ……？
ちゅどーーん
……
じゃあこちらは最終秘密兵器を……
どんどん
大久保どん例のものを
任せたぞ西郷どん！
我らこそ帝におつかえする官軍
この錦の御旗が目に入らぬかあー!!
えっ……

敵軍に錦の御旗が………
へなへな
へな
てことは我々は賊軍⁉
うぅぅー
すげーな錦の御旗
旧幕府軍のモチベーション一気にダウン!
慶喜はまだ戦が終わっていない1月6日深夜に味方にも黙って大坂城を脱出し江戸へ退却
すたこら
ピュー
松平容保もいっしょ
開陽丸
翌日には徳川慶喜追討令が出されるも本人はすばやく自主謹慎
あとは勝に任せる!
一方で不満を持つ幕臣たちの抵抗で戦火は北陸、東北、蝦夷《えぞ》地へと次々拡大
HAKODATE
NAGAOKA
AIZU
KYOTO
西郷吉之助を東征大総督府下参謀に任命する
ついに朝敵慶喜公を討つときがきた
江戸城総攻撃は3月15日
江戸を目指し進軍だ……!

3月9日
江戸城総攻撃の六日前
朝敵徳川慶喜家来
（のちの）山岡鉄舟《やまおかてっしゅう》
山岡鉄太郎
まかり通る!!
ざわっ……
駿府に到着した新政府軍本営に一人の男が飛び込んできます
敵陣を正面突破とは……
たいした度胸でごわす
ドキドキ
長州征伐のとき長州藩本営に乗り込んでいった誰かさんみたい
あ…
ねー
主人（慶喜）はいま上野寛永寺にて謹慎いたしております
どうか戦を中止し寛大なご処分を
西郷殿
これ！勝海舟からの文っス！
いまは恭順する態度を見せていても……信用できるか？あの慶喜公を………
策士ヨシノブ君
ほんとは切腹…と言いたいところだが
ならばこの条件をのんでいただきもす

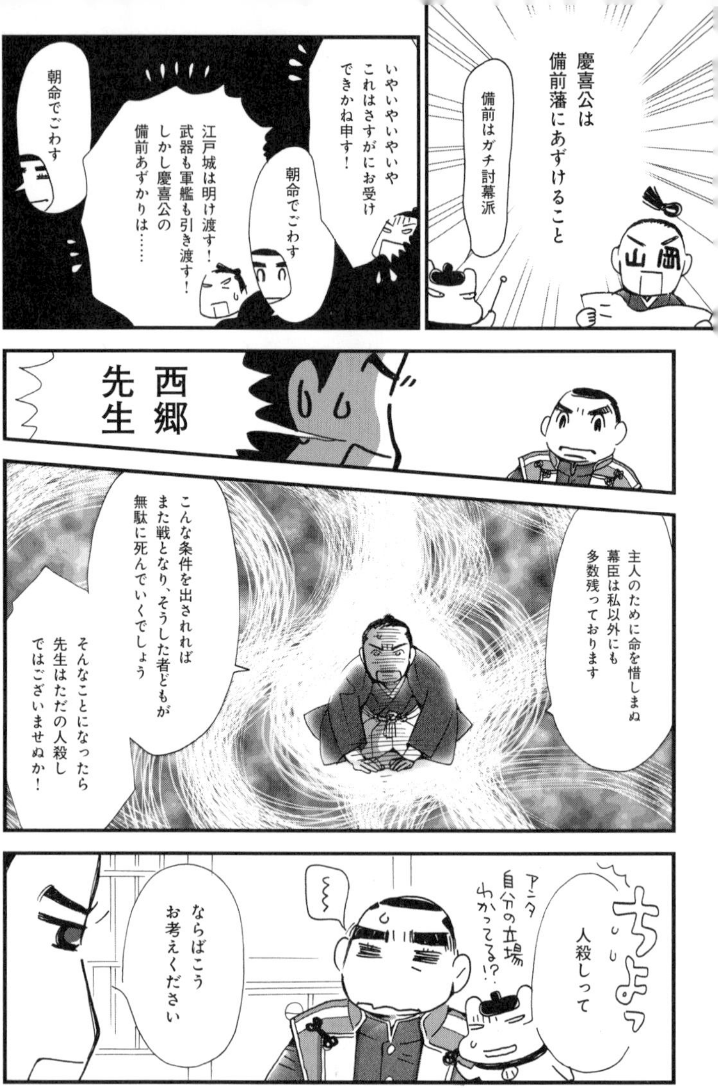
慶喜公は
備前藩にあずけること
備前はガチ討幕派
いやいやいやいやいや
これはさすがにお受け
できかね申す！
朝命でごわす
江戸城は明け渡す！
武器も軍艦も引き渡す！
しかし慶喜公の
備前あずかりは……
朝命でごわす
西郷
先生
主人のために命を惜しまぬ
幕臣は私以外にも
多数残っております
こんな条件を出されれば
また戦となり、そうした者どもが
無駄に死んでいくでしょう
そんなことになったら
先生はただの人殺し
ではございませぬか！
ちょっ
人殺しって
アンタ
自分の立場
わかってる!?
ならばこう
お考えください

もし島津公がいまの主人の立場になれば西郷先生はいかがされますか？
！
もし斉彬様が……
慶喜公の窮地に立たされていたとしたら……？
おいっ
そこはワシが忠義を思い浮かべるとこじゃなかのっっっ
久光
あわれ…
フッ…
もっともでごわすな山岡殿……
では……
慶喜公の処分についてはいったんおいがおあずかりいたしもんそ
山岡の決死の嘆願から四日後いよいよ旧幕軍トップ勝海舟との会談が江戸の薩摩藩邸で行われることとなりました
江戸城総攻撃まであと二日──
……いい眺めだ

会談初日
勝は西郷を愛宕山《あたごやま》に誘います
この江戸の町が戦火で焼かれるのはしのびないと思わないか?
……勝先生
徳川公はよき宝をお持ちでもす
えっ
山岡殿のことでもすよ
金もいらぬ名誉もいらぬ命もいらぬ人は始末に困る
けどそれぐらい気骨のある人物でなければ共に苦労し、国のために大きな仕事を成し遂げることはできもはん
ありがとう西郷さん……
この男はやはり大きい——
敗軍の将であるおれにも初めて会ったときと変わらぬ誠の心で接してくれている
会談二日め

ま
ここだけの話…
ヒリ。。。
西郷さんの出かたによっちゃ江戸に火を放って逃走する計画もたててたんだが……
ピクッ
…
西郷を相手に細かなはかりごとは通用しまい
慶喜公は水戸※にて隠居謹慎していただく
※御三家
江戸城は田安家※への返却
※御三卿
慶喜様に寛大な処分を約束してくだされば軍艦や武器は官軍にお渡しいたそう
えー
山岡といい勝といい自分たちが負け組って自覚ないよね この人たち
西郷さん 言ってやって言ってやって
わかりもした
!

いろいろむつかしい議論もありましょうが
おいが一身にかけてお引き受けいたしもす！
西郷さん……！
西郷のこの一言で江戸城総攻撃は前日ぎりぎりになって中止となり江戸は戦火を免れたのです
でもいくら西郷さんが偉くても大総督は有栖川宮《ありすがわのみや》親王だよね？この条件でOKしてもし了承してもらえなかったら
腹を切ればよか
反幕派の公家から抵抗されたら
腹を切ればよか♡
この人……
やっぱヤバい…

新政府への調整と同時期に西郷は英国公使パークスにあて手紙を書いています
STOP! SOLDIERS.
OH!
駐日英国公使 ハリー・パークス
Dear Mr. パークス
おもしろい もみあげの人
それは神奈川方面に上陸しようとしていた英仏の兵を船に戻して欲しいという依頼でした
実を言うと慶喜も江戸に逃げて来たときフランスから全面支援の要請はあったらしいんですよねー
えぇっ
……けれど慶喜公は拒否した
うん
外国から武器は買っても武力介入はされたくなかったんじゃない？
マジビビってただけなのかもだけど
うーん
武士の情けだ つっこまないでおこう
…
立場や考え方は違ってもこの国の行く末を真剣に思っているのは皆同じなんでごわすな……

そうして4月11日
勝の提案をほぼ
受け入れる形で
江戸無血開城
強硬派だった
西郷さんが一転
助命派に転じたことに
周囲は驚きましたが
これだけは言える
官軍に西郷さんが
いなければ
とてもこの話し合いは
成り立たなかった
かくしてクーデター完了！
慶喜は水戸にて謹慎生活
旧幕軍と新政府軍の
戦いはようやく
まだ終わっとらんでごわす
皆 日本を愛する
者たちばかりじゃっど
始めてしもうた戦の
後始末はせんといかん

戊辰戦争の推移
江戸城はサシの話し合いで開城できたものの旧幕臣や旧幕派の一部はまだまだ抵抗中なんですよねー
彰義《しょうぎ》隊《たい》
徳川家処分に不満を持った旧幕臣らで結成された勢力
現在の上野動物園が本陣です
奥羽越列藩同盟《おううえつれっぱんどうめい》
会津・庄内藩の赦免嘆願を目的として結成された東北・越後などの計三十二藩
箱館
青森
秋田
盛岡
庄内
仙台
新潟
二本松
会津
長岡
江戸
京都
鳥羽伏見
いきなり薩長寄り合い所帯の新政府に従えなんて言われても……
そりゃムリでごわす
では!
ひとまず彼らとも話し合いで……
甘あ〜い

そーいうぬるいことを
言っとる場合ですかっ
長州出身　軍務官判事
大村益次郎《おおむらますじろう》
勝の言うことも聞かん
彰義隊が
我々の言うことなんぞ
聞く耳あるわけないっしょ
あ…
ハイ…
では最新式
アームストロング砲で
ちゅどーん!
さっ
5月15日
上野戦争にて
彰義隊全滅
なかなかの
ストロングスタイルですね
大村さん
大丈夫?
こんな人に任せちゃって
おいとは全然
タイプは違《ちご》ちょっどん
大村さあは確かに
戦のやり方を知っておる
それに……

新政府軍の団結力を高めるためには
今は強い相手と戦わねばならぬとき……
共通の敵を作り結束する作戦ですね？
かくして次は奥羽越列藩同盟の平定となるわけですが……
当初東北・越後諸藩は新政府に対してはどういうスタンスでいくか未定だったんですよね
ヨシノブ幕府やめるってよ
え〜
米沢
仙台
盛岡
弘前
オレらどうする？
長岡
マジか〜
二本松
ところが
朝敵で反抗的な会津はこの際ぶっつぶすことに決めたから！
新政府
お前ら協力しろよ！
えっ…
（実は兵が足りなかったからです）
〜〜〜なんで俺ら巻き込むかな——……
いくさしたくね〜
新政府のヤツら会津と同盟結んだ庄内も征伐するって息巻いてるぜ
会津と庄内許してやれってチーム奥羽で署名しよーぜ
だなだな

しかし奥羽鎮撫《ちんぶ》総督府（いわゆる新政府の東北担当課）は
世良修蔵
長州出身
……
赦免嘆願書
ガーン！
却下
さらにこの東北担当者が同僚に送った手紙が仙台藩士の手に渡ることとなり……
密書って書いてたらそりゃ読むよねー
㊙
大山綱良殿
from 世良修蔵
そこに書かれていたのは
奥・羽・皆・敵・
ざけんなー
キー！
そっちがヤル気ならこっちもヤッたらあー
仙台
この手紙を書いた主は翌日に速攻暗殺されてしまいます
仕事が早い……
うぐ
チーム奥羽のトップ陣は戦争回避に動いていたのに現場が先走りあれよあれよと事態は急展開
やばいよやばいよ
ちゃんとした同盟作って朝廷にかけ合おう！
慶応4（1868）年5月6日最終的に計三十一藩からなる奥羽越列藩同盟が結成されるのです
米沢
二本松
盛岡
だなだな

しかし同盟組織となったことで
新政府との対立が明確になり
徐々に軍事同盟として変化していくことに
我々の手で北部政権を樹立するぞー！
オー！
アレ？
ん？
これってそういう同盟だっけ？
仙台
山形
弘前
長岡
松前
まさに
船頭多くして
船、山を登る
状態…
対する新政府軍は
奥羽越列藩同盟の平定はこの私
大村益次郎にお任せあれ
大村
えっ…
いやいや
それはどうかなー
東北はお金持ってるし
手強《てごわ》いよね
ここはやっぱ
西郷さんでしょ
ねー
やいやい
……大村どんにお任せしもんそ
あっさり
えーっ
吉

大丈夫なの？
これはもう勝ちが決まった戦争
会津には桐野庄内には黒田北陸にもそれぞれ腹心の部下を配しているし
桐野利秋《きりのとしあき》
黒田清隆《くろだきよたか》
おいは部下を信じちょ
——ってこのタイミングで自分は鹿児島に帰ってまったり湯治ですかー!!
うっ……
バレたか…
実はこの頃の西郷はなぜか軍事行動に消極的になり藩主忠義に随伴していったん帰藩しているのです
鳥羽伏見の戦いではあんなにイケイケでやる気の塊だった西郷さんが……
どうしちゃったの？
……
……もしかして……

燃えつき症候群……
……とか？
……
40越えると
いろいろ体も
ツラいのよ
ぶくぶくぶくぶく
予想に反して
東北北陸での戦いは
各地で苦戦を
強いられます
長岡城を
とったりとられたり
したあと
こう着状態だった
北越戦争にようやく
決着がついたのが8月中旬
西郷さんが
呼び戻されて
柏崎に着いたら
もう終わりました
マジ!?
豊富な財力で軍の洋式化を
進めていた庄内藩も
東北戦線で快勝を見せて
いきますが
9月に入ると同盟各国の
降伏があいつぎ
9月15日 仙台藩降伏
22日にはついに
会津鶴ヶ城が開城します

会津藩の降伏を受け
最後まで抵抗を続けていた庄内藩も
ついに恭順降伏を決定します
我々一藩だけで
抵抗するのは
もう無理だ
くやしー
今までついてきてくれた
領民たちもこれ以上
巻き添えにできない……
庄内藩と言えば……!
江戸市中の警備を
してたとき
薩摩藩邸を焼き討ちに
した過去が………
ええまあ……
間違いなく
うらみ買ってますよね…
なので降伏にあたっては
我が藩の持つ武器の
全目録を渡し
全員白装束
藩主重臣ともども
切腹覚悟でのぞむつもりだ
死んでわびるなど
とんでもない!!

庄内藩は北国の雄藩！
ロシア
庄内
ロシアの脅威に備え
北方の守りをかためるために
武器もこのまま
お持ちいただけばよか！
武器目録
この指示を
伝えたのが
新政府参議の
黒田清隆
もちろん藩主には
しばらく謹慎して
もらうけど
これが西郷の指示と
あとから知った
庄内藩は……
おれら薩摩藩邸に
火をつけて……
新政府軍にも
めちゃダメージ与え
ちゃったのに
なのに…
西郷さんて……
西郷さんて
ファン一気に拡大
超いい人!!
この時の寛大な処分に感激した
藩主酒井忠篤《ただずみ》は維新後に藩士を連れ
教えをこいに鹿児島の西郷の元へ
通っています
好きすぎて家臣が
こんな本まで出し
てるし……
西郷さんの名言集
南洲翁遺訓

一方
戦後処理を長州が担当した会津藩は藩主・松平容保は助命されたものの朝敵の汚名は残り
松平容保《かたもり》
ヨシノブを信じてたのにー
会津二十三万石から青森斗南《となみ》三万石へ国替えをさせられ
とぼ
とぼ
とぼ
着いてみれば
ヒュルルー
実質石高七千三百石の厳しい土地…
会津にだけ厳しすぎない？
恨み骨髄!!
長州藩士は容保が京都守護職時代に新撰組にボコボコにされちゃった過去がありますし……
まー仕事なんだけど……
のちのち
もう百二十年たったんだし仲良くしましょう
まだ百二十年しかたってないので無理です
山口
会津若松
ネタのようなこんな会話を現代で交わすことになったりします……
自己を許すがごとく人を許せ
西郷さんの言葉がしみますね……
まったく……

江戸が東京になり
元号が明治になった
その年の11月
――ってまた
鹿児島に帰って
きてるんですかぁ――
どーいうこと??
日当山温泉
許せ……
ちなみにいま
旧幕臣の榎本さんが
五稜郭《ごりょうかく》を本拠地にして
箱館に政権作るとか
言ってますが
榎本武揚《えのもとたけあき》
今度こそ
黒田どんがなんとか
してくれるでごわす
戦に出ないんなら
新政府に参加
しよーよ
何度も打診されてるんでしょ?
そっちは大久保どんと
小松帯刀どんに
お任せしておりもす
もとより
出世も金も
興味はなか
これからはこうしてのんびり
っっ
西郷先生
島津忠義公と村田新八《むらたしんぱち》様が
お見えになっとられます

凱旋して来た藩士が暴れまくって手を焼いておる
島津忠義
西郷
力を貸してくれ
愛する薩摩のためならば
明治2(1869)年
西郷は薩摩藩の参政として藩政改革に取り組み始めます
西郷さんも応援をたのまれてましたが
到着したのは全部終わったあと…
…
同年5月18日
箱館で戦っていた榎本武揚が降伏
五稜郭が開城
終わった………
やっと………!
鳥羽伏見の戦いから始まり一年半に渡って日本中を戦場にした戊辰戦争はこの年ようやく終結を迎えたのです

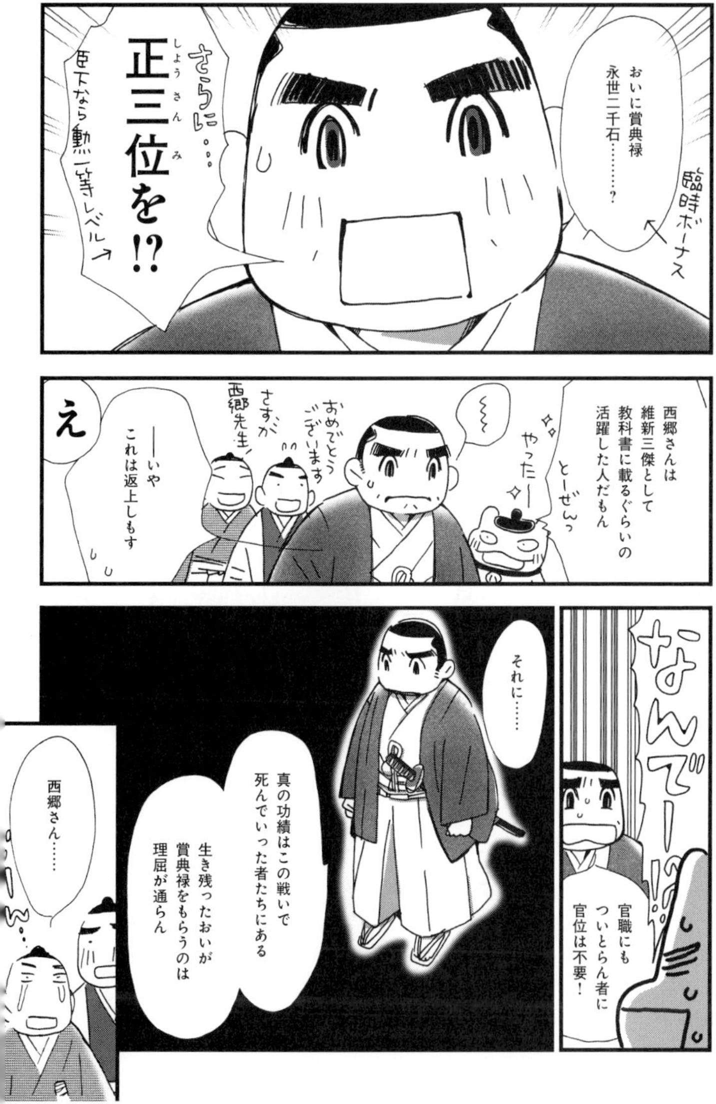

おいに賞典禄
永世二千石……？
臨時ボーナス
さらに…
正三位《しょうさんみ》を!?
臣下なら勲一等レベル
西郷さんは
維新三傑として
教科書に載るぐらいの
活躍した人だもん
とーぜんっ
やったー
おめでとうございます
さすが西郷先生
——いや
これは返上しもす
え
なんでーー!?
官職にも
ついとらん者に
官位は不要！
それに……
真の功績はこの戦いで
死んでいった者たちにある
生き残ったおいが
賞典禄をもらうのは
理屈が通らん
西郷さん……

あと…
西郷が正三位で
ワシが従二位で
忠義が従三位って
どゆことー
久光
父上…
恥ずかしいからやめて……
忠義は藩主よ？
西郷がどれだけ
功績上げたからって
しょせん家臣
なのにぃー
き
久光
安心してください
お断りしますので
やっぱこの人苦手…
はー
大久保どん！
お元気そうですね
西郷さん
明治政府 参議
大久保利通
明治3（1870）年1月
私が鹿児島に
来た理由は
おわかりでしょう
明治政府に
西郷さんの力を
貸していただきたい

こっちでん東京の話はよく聞こえてきもす
はっ
政府高官は高給をとり大名屋敷に住んでぜいたくざんまいの日々
あげく政府二の次で薩摩だ長州だと無益な派閥争い……
そげな腐った政府においが入ってしもうたら……
戦で死んで行った皆や弟の吉二郎に申し訳がたたん！
……そん通りです
わっ
開き直った！
だからこそなのです！
金も官位も名もいらない！
命すらかけられる公平無私な西郷という男の力がいまの政府には必要なのです

このおいに……
まだやるべきこつがあっとじゃろか?
明治4（1871）年
弟の従道《つぐみち》の説得もあり
西郷は国政への参画を決意します
やりましたね大久保さん
西郷さんがいてくれたら心強い!
うむ!
ですよねー
西郷さんの人気があれば合意もとりやすく政策も通りやすい
……
逆に言うと
大久保さん……人気ないよね……
鹿児島県人にすら……
わーーっ
ヒドい!!
大胆な改革を進めるためにはまず中央に権力を集中させることが要でごわす!
明治維新
第二章の幕開けです

明治4(1871)年
東京
中央の求心力を高めるためにも今の政府をいったんチャラにしてあらためて能力のある者を適材適所に登用しもんそ
木戸さあにはぜひその政府の参議に加わっていただきたく
むむ…
木戸《きど》孝允《たかよし》
なんで木戸さん?
先を読む目とリスクヘッジ能力がずば抜けたお人なんですよ木戸さあは
なんせ桂小五郎時代は逃げの小五郎って呼ばれてたくらいで
ちょっと?それほめてます?
ほめてますほめてます
さすがは長州人♡

政府刷新には私も賛成だ
ただその前にやっておかねばならないことが……
コレ。
藩やめて
廃藩置県
県にするよ！
うーむ
おおっ
明治2年に実施した版籍奉還で名目上土地や人民は政府の所轄ということにはなっていましたが……
江戸時代
藩主
おれエラい！
明治
知藩事
おれやっぱエラい!!
現実は今なお大名が知藩事として統治しており政府より知藩事の命令が優先されている状態
明治4（1871）年7月
けど……藩をなくすというのは簡単にはいかんだろうなあ……
…
そもそも藩士たちは藩のために血を流したのであって国家のために命を差し出したわけではないからな
大山巌
山県有朋《やまがたありとも》
井上馨《いのうえかおる》
西郷従道

ここで諸藩の反対にあって最悪また戦なんてことになったら……
ぐだ
そこは万全の根回しをしとかないと
やっぱ久光公に相談してみる？
……
いやいや！それはやぶ蛇でしょ
ぐだぐだ
じゃあどうすれば……
ぐだー
もう議論は必要なか！
廃藩置県はどうあってもやらねばならんこと
木戸さぁと大久保どんの間で事務的な手順がついてるなら
あとのことはすべてこのおいが引き受けもす！
反対する藩が出て万一不穏の事態になれば……
カッ
朝敵じゃ兵を率いて攻めつぶすのみ！

この閣議のたった五日後には
廃藩置県の詔勅が
下されることとなり
青天の霹靂
この吉之助が
おりますれば
ホントに
大丈夫？
マジ？
二百六十一あった藩は
三府三百二県となり
知藩事は東京へ移住
各県に県令（県知事）が派遣
されることとなったのです
のちに3府72県に
統合されます
いや
しかし
超強引に
押しきりましたね
ここぞの時には
断行することも大事
でもこれで国の政治は
断然やりやすく
なりもした！
国内も混乱はしていますが
今のところ抵抗している
藩主もなく……
あ
よかった
よかった
報告書
……なに？
薩摩藩では久光公が
庭で花火を一晩中
あげたそうです
……はい？

それは「祝！ 廃藩置県」の花火では
当然なく
久光
藩がなくなるってどゆこと――
西郷むかつく――
大久保はらたつ――
怒り心頭の久光があげたヤケクソの花火だったとか……
おもしろい人だ…
廃藩置県は同時に大量の士族が失業することでもありました
それまで家禄をもらっていた主君がいなくなるわけですもんね
今後も俸禄は減らされていく方針
拙者は明日からどうすればっ
オロオロ
士族200万人（家族含む）
全人口3400万人
当時の人口比を考えればとてつもない大改革です…
しかも！
ここだけの話
翌々年の明治6年には徴兵制が発布されちゃうんですよ
山県有朋
仕事《せんそう》のないときに正社員《ぶし》やとい続けるより派遣《ちょうへい》でまかなったほうが効率がいいしね
はあ!?
武士以外が兵士に!?
日本史
さらに明治9年には武士の命である刀も取り上げられちゃいます
ぷちっっ…

幕府を倒したのはオレたち士族でしょ!?
ぐつ
ぐつ
なんでこんな仕打ち受けなきゃいけないわけ
西郷さん山県にだまされちゃってない？
ぐつ
桐野利秋
いろいろ急すぎる改革に武士たちの怒りのマグマは徐々に煮え立っていくわけなのです
廃藩置県から四か月後外務卿の岩倉具視を大使とする大使節団総勢百七名が欧米に向けて出発
木戸孝允
岩倉具視
世界の最新事情を学んできまーす
大久保利通
伊藤博文《いとうひろぶみ》
山口尚芳《やまぐちなおよし》
日本に残ったのはのちのち「西郷留守政府」と呼ばれた面々
板垣退助《いたがきたいすけ》
江藤新平《えとうしんぺい》
大隈重信《おおくましげのぶ》
気をつけていってたもんせー
三条実美《さんじょうさねとみ》
後藤象二郎

しかし…
このタイミングで政府の要人が半分近く外遊って
よかよか
怒り狂ってる士族おしつけて……
それについては…
考えちょりもす！
翌年西郷は陸軍元帥近衛都督に就任
これに先立ち親兵制度と警察制度を作り士族を登用
軍の役職についておれば今後士族の働き場所も作っていけるはず……
加えてこのとき持ち上がって来たのが「征韓論」
日本側の再三の開国要請も相手にされず正式に天皇陛下の国書を持っていったのにもかかわらずけんもほろろの対応！
いーぞー
失礼なんだよ
板垣退助
こうなったら武力で朝鮮を討つしかない！
そーだ
そーだ

秀吉の朝鮮侵攻以来ほぼ国交断絶
鎖国状態にあった朝鮮に対し
ドンドンドン
朝鮮
開国してみて良かったからキミんとこもしちゃいなよ
いやそれ余計なお世話
……てな感じでしょうか
征韓論者が盛り上がっていた頃
実は西郷は病気療養中でして
はあ!?
板垣さんそんなこと言いだしてんの?
明治天皇に言われ低糖質ダイエット中…
むぃー
ロシア対策のためにも朝鮮とは仲良くしておく必要があるし……
兵士なんぞ引き連れていったら相手をよけいに怒らせるだけ
ひとまず話し合ってくるからおいを朝鮮に大使として派遣してくいやい
丸腰で行けば西郷さんが命をとられてしまうことだって
よかよか
大隈重信
命とられたらとられたでそのときこそそれを口実に朝鮮を攻めることができるってもんでごわす
うーん…
まあ…たしかに…
こうしていったん
留守政府で
西郷の朝鮮「派遣」が
決定したのですが

帰国してきた外遊組は
反対です！
（注）岩倉←
……
……なに大久保どん そのおしゃれヒゲ
カァァッ…
これはトレンドの西洋風で……
ボクもイメチェンしたのに…
いやヒゲのことはどーでもいいでしょ！
とにかく西郷さんの朝鮮行きは断固反対です！
朝鮮のバックには宗主国である清がいます もし戦争になってしまったら我が国にはまだ戦う体力はない！
いまは内政に目を向けることが先決です
ソワソワ
ハラハラ
だから今回はあくまで話し合いだと
相手はそう取りません！

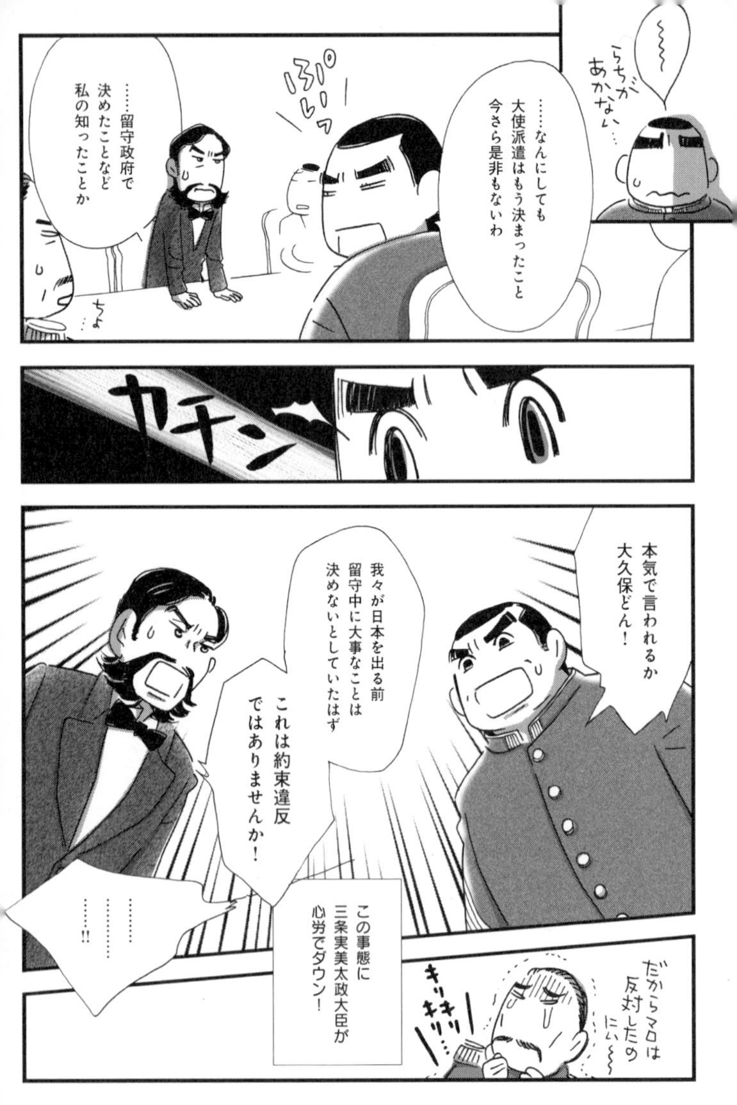

～～～ らちがあかない……
……なんにしても
大使派遣はもう決まったこと
今さら是非もないわ
ぷりっ
……留守政府で
決めたことなど
私の知ったことか
ちょ…
カチン
本気で言われるか
大久保どん！
我々が日本を出る前
留守中に大事なことは
決めないとしていたはず
これは約束違反
ではありませんか！
………
………
……!!
この事態に
三条実美太政大臣が
心労でダウン！
だからマロは
反対したのに～～
キリキリキリ…

三条の代理となったのが
策士・岩倉具視
すすす……
個人的な意見ですが……
議事録
いま西郷を行かせるのは非常に危険かと……
やっぱり?
大好きな西郷を死なせとうない!!
申し上げます!
陛下が西郷陸軍大将の朝鮮派遣を見合わせるようにとの決定を下されました
大久保どん……
陛下を動かしてまで反対するというのか……?
すべての職を辞し政府を去る決意をする西郷
別れのあいさつに来た
明日鹿児島に帰りもす
……

――おはんの途中で投げ出す悪い癖が出たの……
……あとのことはおはんに任せもす
やはりお相撲では吉さあにはかないもはん
ワーワー
正助どん！もう一本とりもそう
……知るか！
明治6（1873）年10月
正反対の性格でありながら幼い頃より共に学び共に闘い維新を成し遂げた二人はこのとき完全に袂《たもと》を分かってしまったのです
そうか帰ったか……
残念だのう……
フー！
……
覚えてます？木戸さんのお宅で急遽《きゅうきょ》閣議をすることになったときのこと

ありゃ忘れんよ
ふんどし一丁…
一張羅の着物が洗濯中なんで出かけられん
陸軍大将ともあろう人が…
わしの着物を貸してやるからもう一回呼んでこい
ようやく来たと思ったら……
お待たせしもした
つんつるてーん
やだセクシィ
木戸さんの着物はちーっと小さいの
それで外歩いて来たの？
でも着物は洗いがえも持つべき！
……ほんとぜいたくに縁のない人だったよね
私のときは
はあ
買い求めた西洋の刀を見せたら……
サーベル
へーほー
これは美しかねー
西郷さんでも興味があるんだ……

貸して♡
えっ
西郷さんのたのみをことわれます？
…貸したのか
あの～～
西郷さん
そろそろあの西洋刀
返してもらえますう？
式典のときもちたいの
刀？
あーあれね
書生にあげた☆
ほしがってたから
（マジか――）
あー思い出したらちょっと悲しい…
私が西洋かぶれで
あの刀買ったことを
苦々しく思ってたんで
しょうね……
かわいそう…
徹底してるなー
西郷さん
他の高官が
肉だの刺身だの
食ってるときも
いっつもでっかい
握り飯だった
し……
みそぬったやつ
そういえば
いつぞやの
演習のとき
あっ
おむすびころりん

ばっ
いかん いかん
パン パン
がぶっ
うまーー
やっぱり米の握り飯が一番のごちそうでごわんど
じゃり
じゃり
ぽかーん…
この数年で東京は大きく様変わりしましたが
あの人の根っこはなーんにも変わりませんでしたね……
命もいらず名もいらず官位も金もいらぬ人は始末に困る
コンコン
大久保卿

本日付けで
参議の板垣退助氏
後藤象二郎氏
江藤新平氏
副島種臣《そえじまたねおみ》氏から
辞表の提出がありました
そうか……
西郷の下野に続き留守政府閣僚や官僚、軍人もこの時期大量辞職
のちに士族の反乱や自由民権運動へとつながる「明治六年の政変」です
その数なんと約六百人！
本当にこれで良かったの？西郷さん
大久保どんはおいとは考え方が違うだけであの男にはあの男の道理がある
こん国をよくしたいという思いは同じでごわす
今後……鹿児島での西郷さんの動向を逐一報告するように！
……はっ！
西郷さん……
あなたは政府にとって危険な存在になってしもうた

明治6（1873）年11月
下野して鹿児島に
帰って来た西郷
桐野利秋
桜島は
いつ見ても
よかお姿で
ございもす
別府晋介《べっぷしんすけ》
村田新八
淵辺群平《ふちべぐんぺい》
篠原国幹《しのはらくにもと》
我らは西郷どんについていくのみ！
さらに西郷にくっついて
……ではなく賛同して
薩摩出身の陸軍幹部や近衛士官
政府高官も続々帰郷
おおっ
ゾロ
ゾロ
ゾロ
ゾロ
ザッ
ザッ
ザッ
ザッ
ザッ
さらにさらに
その他大勢も
後に続き……
お…
おおう…

――結果目的も職も失った一部の若者たちは……
おまこと おれとは 同期の 郷中♪
おねぇちゃん かわうぃねー
おはん どこの 方限じゃー
なんじゃ やるんかオっ
荒れます。
ぐだぐだ
ぐだぐだ
ぐだぐだ
いずこの国も いつの時代も 同じよのう……
未来ある 薩摩隼人のために 彼らを指導する場が 必要かと！
作ればよか！
名はなんと
私学校《しがっこう》でよか！
その知らせを聞いた 東京の大久保利通は
私学校……

旧近衛兵で組織された銃隊学校と……
監督 篠原国幹
バババババ
陸軍の砲兵出身者を集めて作った砲隊学校
監督 村田新八
ドドーン
これって学校っていうより……
軍隊じゃね？
いやおいも薩摩出身者として賞典学校にはお金出してんだけど
・・・
海軍大将 西郷従道
西郷どんの弟です
しかも監督しているのは政府に不満をもつ者ばかり……
これっていわゆる……
政治結社じゃね？
たらっ…

でも兄さあは私学校の指導には直接関わってはおいもはん！
西郷の従兄弟
大山巌
うん うん
じゃっどん
幹部も生徒もみーんな西郷シンパだよ……？
大久保の心配通り私学校はまさに西郷ファンの西郷ファンによる西郷のための組織だったわけで
まさに西郷王国
西郷先生はいずれ我ら士族のために立ち上がってくれもす
それまでがんばろう
キョロ キョロ
かんじんの西郷さんは……
えっ
西郷さん？何してるんですか⁉
おう！

ご覧の通り野良仕事でごわす！
山奥にこもってひとりで百姓のまねごとですか？
まねではごわはん
秩禄《ちつろく》が廃止されたときに備え士族も農業で食っていけるようにならんといきもはん
百以上ある私学校の分校のなかには吉野開墾社といって耕地を広げる学校もあるんでもすよ
へー。
士族の自立の方法を模索してたんだね
それにおいは一人じゃなか
!! ……まさか
女!?
わん
わん
西郷さん
西郷さん
なんやおまえ
どこの犬や
みんなかわいかろー？
……

日曜日は畑へでかけ
土を耕してきた
月曜日は犬と山へ行き
火曜日はウサギを狩って
水曜日は友達が来て
木曜日は送っていった
金曜日は温泉つかり
土曜日は読書ざんまい
薩摩隼人よこれが私の
一週間のしーごーとー♪
テュラテユラテユラ
テュラテュラ テュラララ〜
って
いいのか！
わん
わん
わん
わん
わん
わん
わん
政府の参議時代に
太りすぎちゃった
もんでダイエットも
兼ねたロハス生活
でもすな
でもこの
ウサギ狩りスタイルを
銅像にされちゃった
のは想定外じゃった
ま…そこは
いいんじゃないですか
平和な感じ
するし
ところで
江藤新平さん
のことは……
……
もちろん
知っちょりもす

明治7（1874）年2月
征韓派の元参議
江藤新平率いる佐賀の乱が
起こるも
大久保自らが率いる政府軍に
わずか半月で鎮圧される
全部私がやりました
江藤はほぼ
弁明できないまま処刑され
さらし首にされたあげく
その生首写真を全国に
バラまかれたという……
むーっ…
江藤新平
参議時代に自分で作った写真手配制度の適用第1号になっちまいました…
江戸時代に逆戻りですよこれー
……
いしんしんぶん
実は……江藤さあは
佐賀から逃げる途中で
おいのところへ
来やったんでございもす……
えっ
西郷さんが
立ち上がってくれたら
全国の士族が蜂起
するはず……
力を貸してくれ……!!
えー
断っちゃった
の……？
佐賀県内ですら
士族の意見は統一が
とれてはおらんかった
中立の士族は政府軍に協力しておったぐらいじゃ

声の大きか一部のもんにひきずられては判断をあやまってしまう
いまはまだそん時ではなか……!
西郷が沈黙を続けるなか
大久保は初代内務卿として国内だけでなく外交でも絶大な権力をふるっていきます
富国強兵
殖産興業
5月 台湾出兵
ザッザッザッザッ
翌年9月には朝鮮との間に江華島《こうかとう》事件を起こして開国を迫り日本に有利な日朝修好条規を締結
一昨年内治優先で征韓論をしりぞけたその舌の根も乾かぬうちに!
恥を知れ大久保!
ついに木戸孝允も政権離脱
…
ドカーン

明治9(1876)年に入り
廃刀令が出されると
各地で新たな士族の叛乱が勃発
萩《はぎ》の乱
秋月《あきづき》の乱
佐賀の乱
立志社の獄
神風連《しんぷうれん》の乱
これはさすがに西郷さん立つか!?
…立たない
あれ…?
テュララ テュラテュラ テュラテュラテュラ テュララー
……
日当山《ひなたやま》温泉
他県の叛乱は片っ端から政府の鎮圧部隊にやられちょるもすぞ
なんの! 我らには西郷先生がおりもっそ
そうじゃ 薩摩兵児が事を起こせば寄せ集めの兵隊なんかに負けるわけはなか!
じゃっどん…
西郷先生はいつになったら我らに命を出してくださっとか……
ううう…

村田新八
いまの私学校は四斗樽《しとだる》に水をいっぱい入れて腐れ縄でくくっとるようなありさまよ……
みしっ
みしっ……
みしっ……
いずれ破裂は免れまい
だからヘタに刺激しないように今はテュラテュラしてるのね
東京 内務省
生徒らは一触即発といった体ですが西郷さんにはまったく動きが見られませんね
薩摩出身 大警視 川路利良《かわじとしよし》
ふむ……
引き続き監視を頼む
私学校には薩摩出身のスパイを送り様子を探らせておるのですが
気になるのは鹿児島にある政府の陸軍弾薬庫でして
……なるほど ヘタに悪用されてはたまらんな
倉庫の中身は大阪に運ばせろ
はっ

ところがこの動きは私学校サイドに速攻バレてしまい
というか私学校生徒を挑発するためにあえて政府側がしかけたワナだったと言うべきか
弾薬庫の荷が移されている？
あん兵器や弾薬は元は薩摩から明治政府に引き継いだもの
それをコソコソ運び出すようなマネをするとは……
ううぬ
卑怯者《ひきょうもの》！
許せん！
武器はおいらのもんぞ！
おお！そうでもす！
フッフッ
メラメラ
武器を奪い返せ——！
わあ！
四斗樽はついに決壊
たまりにたまった水は
とうとう
あふれてしまったのです
まんまと…

この事件を大隅《おおすみ》半島南
小《こ》根占《ねじめ》で聞いた西郷は
しもた……！
小兵衛《こへえ》！すぐ鹿児島に戻っど
わん わん わん わん
あえて留守にしとったのが裏目に出てしもうた……
はい兄さあ
わん わん わん わん わん わん
おはんらは……
なんちゅうはやまったこつをしでかしたんか
ビクッ
じゃっどん……捕らえた政府のスパイは先生を暗殺する計画があったと自白しちょりもす
そこまでされてこれ以上政府のやり方に従うのはがまんできもはん

ボウズヲシサツセヨ
＝
刺殺せよ
私学校生徒は
政府のスパイが「刺殺せよ」
との密命を持っていたと
書類に残していますが
政府側はのちに
「視察せよ」との意味
だったと説明しています
ボウズヲシサツセヨ
＝
視察せよ
どちらが
真実であったのかは
藪《やぶ》の中ですが……
事態はもう
とり返しのつかないところ
まできてしまい
ました…
わあ
わあ
こげんこつに
なってしもうては
いよいよ西郷先生を立て
総出兵するしか
道はありもはん！
桐野利秋
おおっ…
まずは熊本城を落とし
政府軍を骨抜きに
してやればよか！
おいは以前
政府の鎮台司令長官を
つとめておったから
あの城のこつはようわかっとる

そんやり方は
無謀すぎっと
まずは東京に使節を派遣し
政府の罪を問いただすのが
筋じゃ
西郷小兵衛
そん通り！
江藤新平の二の舞を
踏みたいか
熊本城には
西郷先生に心酔しとる
樺山資紀《かばやますけのり》もおる
先生が立たれれば
必ず協力してくれる
出兵するにしても
熊本城を攻めるのは
意味がなか！
ひとまず長崎と
鹿児島ふた手に分かれ
船で直行したほうが……
城を攻めれば
今は沈黙しておる
各地の士族も
いっせいに蜂起して
くれるはず……！
もはや議論
しとるときじゃなか！
いまはただ
断の一字
あるのみ

先生
西郷先生の決をあおぎもんそ
先生
もう……
後戻りはできん……
申し上げます！
薩摩軍が挙兵したとの報が
サイゴウタツ
おそれちょったこつが……
おはんらにやった命
おいの身は
おはんらに預けもんそ
西郷先生！

これだけは言うておく この出兵は政府への 叛乱ではありもはん
我々はただ 国のために戦おうちゅう 士族の声を聞こうとせん 政府のやり方を問いただすため 東京へ向かうのでごわす
みな西郷先生と同じ気持ちでもす
西郷先生に どこまでも ついていきもす
陸軍大将の 制服なんだね
下野したとき こん役職だけは とどめおかれ てたんでもす
近衛兵たちの 怒りをしずめる ための政府の策 であったろうが
いまはこれが交渉に 役立つかもしれん
明治10（1877）年2月15日 薩摩軍先発隊が東京に向け出発 鹿児島に五十年ぶりの 大雪がふった日でした
第一の目標は 熊本城……！

ワー
ワー
ザク
ザク
おやっとさぁ
（ご苦労様です）
出兵する薩軍には
沿道から多くの声援が
かかりました
頼んみゃげもす
（頼みますよ）
この若者！
若い時の西郷さんそっくり！
愛加那との間に生まれた
息子の菊次郎でもす
え……
犬も連れてくの？
わんわん
わん
わん
わん
わん
わん
わん
これは戦ではなく
「政府に問いただす」
ための出兵じゃっで
連れていくのはトーゼン！

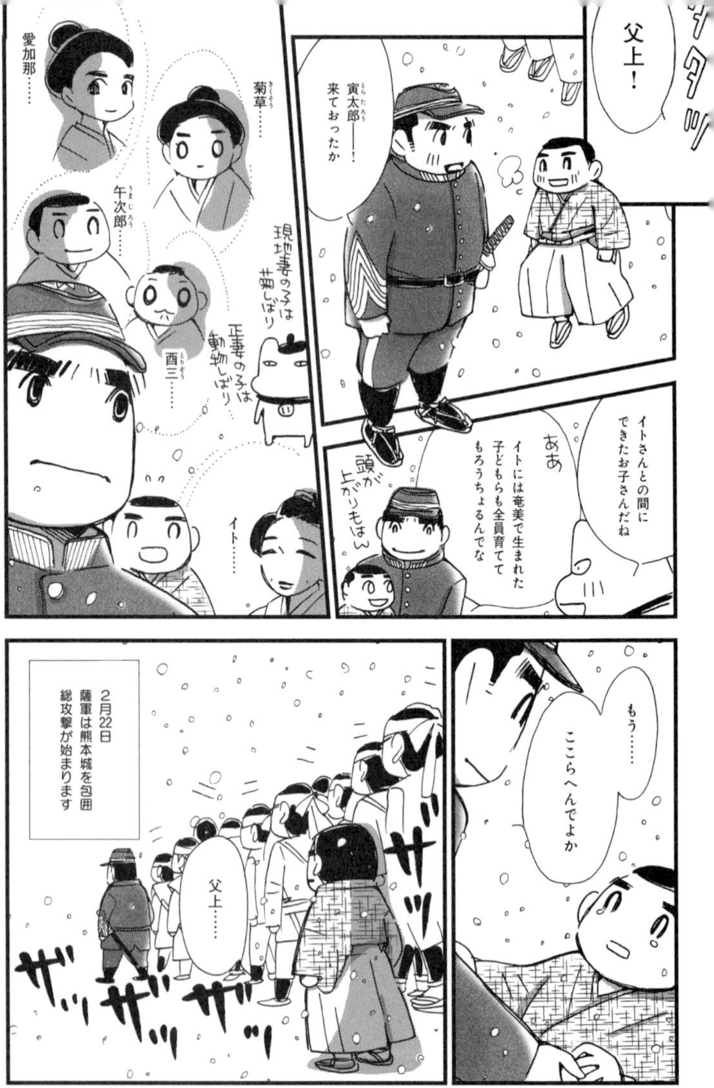

タタッ
父上！
寅太郎《とらたろう》──！
来ておったか
イトさんとの間にできたお子さんだね
ああ
イトには奄美で生まれた子どもらも全員育ててもろうちょるんでな
頭が上がりもはん
愛加那……
菊草《きくそう》……
午次郎《うまじろう》……
酉三《とりぞう》……
イト……
現地妻の子は菊しばり
正妻の子は動物しばり
もう……
ここらへんでよか
2月22日
薩軍は熊本城を包囲
総攻撃が始まります
父上……
ザッ
ザッ
ザッ
ザッ

現時点で
薩軍約一万四千人
対する熊本城内の鎮台兵
約四千人……
西南戦争データ
桐野利秋
はっはっはっ
数もさることながら
向こうは徴兵の寄せ集め
落とすのは簡単……
落とされてたまるかあああ
熊本鎮台熊本城
ヒュン
ヒュン
ヒュン
ヒュン
ヒュン
こちとら徹底抗戦に備え
城の天守閣と本丸を
焼き払っちゃってるから
もう怖いもんないもんねー
ろう城するだけなら
見はらしがいーからねっ
熊本鎮台司令長官
谷干城《たにたてき》
ぷす
ぷす
ぷす
うちのボス
まじヤベェ…

それに西郷さんには征討令が出されとる!
つまり薩軍はれっきとした
賊軍!
征討令
西郷は反逆者! 討つべし!
by 明治天皇
(しぶしぶ…)
西郷さん! 賊軍になったって……
わああ
もう軍服脱いでる―!
……
あんまり刺激せんでくれ! 征討令が出されてあやうく自決しかけたんだからっ
す…すいません…
帝が
陛下がおいを～
大丈夫! 九州各地から応援部隊も集まって来てくれとる
今こそ士族の団結力を見せるとき!
ドドーン
ドンドンド
チュドドーン
……今こそ

……全然
落城しませんね……
なんで落ちないの……？
ぐずぐず
むーん
むーん
むーん
ずるずる…
さすが天下の名城
加藤清正《かとうきよまさ》公と戦を
しちょるようで
ごたる………
そうこうしているうちに政府軍が次々と九州に上陸
山県有朋
川村純義《かわむらすみよし》
山県と川村の率いる政府軍が博多に上陸し熊本城を目指して南下しているとの報せが！
博多《はかた》
久留米《くるめ》
城に包囲隊を残し主力一万人を北進させ政府軍を迎え討ちましょう
ここから三里の田原坂《たばるざか》は舌状台地《ぜつじょうだいち》で天然の要塞
防塁《ぼうるい》を設置して頭上から攻撃すれば……
南関《なんかん》
山鹿《やまが》
田原坂《たばるざか》
熊本城

政厚徳
3月4日
西南戦争最大の激戦が
田原坂で始まります
地の利を生かし
当初善戦していた
薩軍でしたが
戊辰《ぼしん》戦争の恨み
覚悟しろ!
きさま会津藩士か
のぞむところよ!

ゎー
ゎー
おいは薩摩隼人じゃっどん
今は政府軍の兵士
なして同郷の者が
こんな……
チェストオオオオオオ
ハッ
「人情の忍ぶべからざる
ところを忍ぶとはいえ
この戦いほどひどいものは
あるまい」
総大将の山県有朋は
西郷にこんな手紙を
書いてます
ひぃ
田原坂では連日雨にたたられ
旧式の装備しか持たない薩軍は
次第にダメージを受けていきます
アウトドアでは
雨天の装備が
モノを言うのね
私学校生徒の基本スタイル
薩軍兵士
食事は基本
握り飯&煮〆
前装式
エンフィールド銃
雨の日は火薬がしめる
いったんぬれると
乾きにくい綿の着物
洋装でも
和装でも
わらじ
銃剣をつけたままでも
撃てる
政府軍兵士
牛肉の缶詰が
出ることも…
後装式
スナイドル銃
白脚絆&
革靴
ラシャ(毛織物)の制服
あたたかく水をはじく

今だ
撃てえええええ
ドオオン
軍備と兵力で圧倒した政府軍は
十七日間の激闘の末薩軍に勝利
西郷達は退却を余儀なくされます
田原坂など県北の戦いで
両軍あわせて
三千六百二十人もの死者が
出たそうです
ザアァァ…
3月4～20日
田原坂
8月18日
可愛岳《えのだけ》
2月21～4月15日
熊本城
延岡《のべおか》
6月1日
人吉《ひとよし》
7月31日
宮崎
9月24日
鹿児島
これより先各地での戦いに
次々と敗れ、追いつめられた薩軍は
熊本、宮崎、鹿児島を七か月に渡り
転々とさまようことになるのです

8月16日 延岡
ボロッ…
……なんかおまえ臭いなー
いやいや それをおまえが言う?
ぷーん
その点村田さあはいつ見てもかっこよかね
ダンディって言うの?
外国の曲もええもんでもすなあ……
皆 集まってくいやい 話がある
ザワッ…
……みんな こんなに長い間にわたる戦に身を投げ打ってくれて おいはまっこて感謝しちょ

残念じゃっどん………
勝敗はもう決まってしもうた………
これ以上
無駄な犠牲者は出せん
降伏するも
最後の決戦に加わるも
自由に決めてほしい
父上……
菊次郎
その脚では戦えまい
おはんは降伏しやんせ
……しかし
もうよい
もう……
よいのだ……
西郷はこの日
最後まで残していた
陸軍大将の制服を燃やしました
パチ
パチ
そうか……
まだ
六百人もが残って
くれもすか……

おはんらもよく ついてきて くれた……
クウー
たっしゃで 暮らせよ
クウーン…
ワン ワン ワン
……これから どうしましょう……
そうだな……
鹿児島に帰ろう！
最後に故郷の桜島を 皆に見せてやりたい
えっ
しかし……この周囲はすでに 政府軍に包囲されております
可愛岳
アレを越える
山県有朋
このときまだ 宮崎
おのれ 西郷～～～～!!
激おこ
西郷たちは山県らの裏をかき
まさかの山越えを決行
山中を八十キロにも渡り行軍し
その後鹿児島へ
奇跡の帰還をとげます

この戦いのさなか
病にふせっていた木戸孝允が
京都で亡くなります
…………
西郷…………
ハァ…
いいかげんに
せん…か………
吉さぁ……
………
おいもおはんを
死なせとうはなか
なぜ降伏して
くれんのだ……
城山に立てこもった
薩軍は三百五十人
取り囲む政府軍は
五万人――
西郷さんが
降服するなら23日
いっぱいは待とう
返答がない場合は
9月24日に総攻撃を行う
海軍大輔
川村純義
ドド…ン
ドドーン
パンパン
パパパパ
西郷さん……
始まったようで
ごわすな……

行きもんそ
はっ
なぜ——
勝ち目のない戦いを
始めてしまったのか人は
不思議に思うかもしれん
日本は今
新しか国に生まれ変わるため
大きくもがいとる
続けえええええええ——
パンパン…
パンパンパンパン
そいでも理不尽なことに異議を唱え
戦い抜いた武士がおったこと
どんなに時代が変わっても
きっと変わらんもんがあると
今苦しんでる者たちに伝えたい
パ…

パパ
パパパパパ
撃てえっっ
パ
パ
先生!
パパパパパ…
パン
…晋どん…
別府晋介

もう……
ここらでよか……
ごめんなったもんし!!
桜島は……
きょうも美しかー……
先生ええええええ
うわあああああ
最期を見届けた
桐野利秋、村田新八、
辺《へん》見《み》十郎《じゅうろう》太《た》らもその後
政府軍に突撃をかけ
次々と敵弾に散ります
朝4時に始まった総攻撃も
午前9時にすべての銃声がやみ
最後の内戦・西南戦争は
西郷の死によってようやく
終結したのです

その大きくまっすぐな目で
国の未来を見つめ
その大きな体で
人の心を受け止め
行動した

人に愛され人を愛し
ただ人のためだけに生きた
四十九年の人生でした

自分を愛する心で
人を愛すること

おまけの西郷どん
OMAKE NO SEGO-DON

西郷洞窟に行ってみた
西郷さんら薩軍が西南戦争での最後の五日間を過ごしたという西郷洞窟
この洞窟の中で村田新八と碁を打っていたとかとか
ほーこれが話に聞いた西郷洞窟
って…
2.5m
4m
3m
狭!!
実際はこっち側に柵があって入れません…
ぎち
ぎち
洞窟っていうかほぼ「穴」じゃん
どうやって一個隊入ったんだ
雨降ったら完全に詰みますね
当時は全部で十一個ほどの洞窟があったらしいですよ
あそうなんだ

西郷さんたち幹部クラスは
一人一部屋
下っ端は何人かでシェア
してたみたいですね
みっしり
へー
やなシェアハウスだなあ♪
おい
やっぱ出世はしとくべきね！
キリッ
こんなとこで他人と同室ムリー
ああ…
アナタ家族旅行でも
一人で個室とる女
だもんね……
でもこの狭さ
だからこそ伝わる
…
…
…
西郷さんたちの絶望感を
ひしひし感じた私たちなのでした

ラストソングを君に
西南戦争
城山総攻撃前夜
暗闇に流れてきた
クラシック音楽……
……!
政府軍の
演奏のようですね
これは
なんと言う
曲でもすか?
ヘンデル作曲の
「マカベウスのユダ」
表彰式とかで
よく流される曲ですよ
村田新八
いい曲でごわす♡
ん?
これは……
こっちの
物悲しい曲は……
ショパン作曲
葬送行進曲
山県有朋
感じワルー

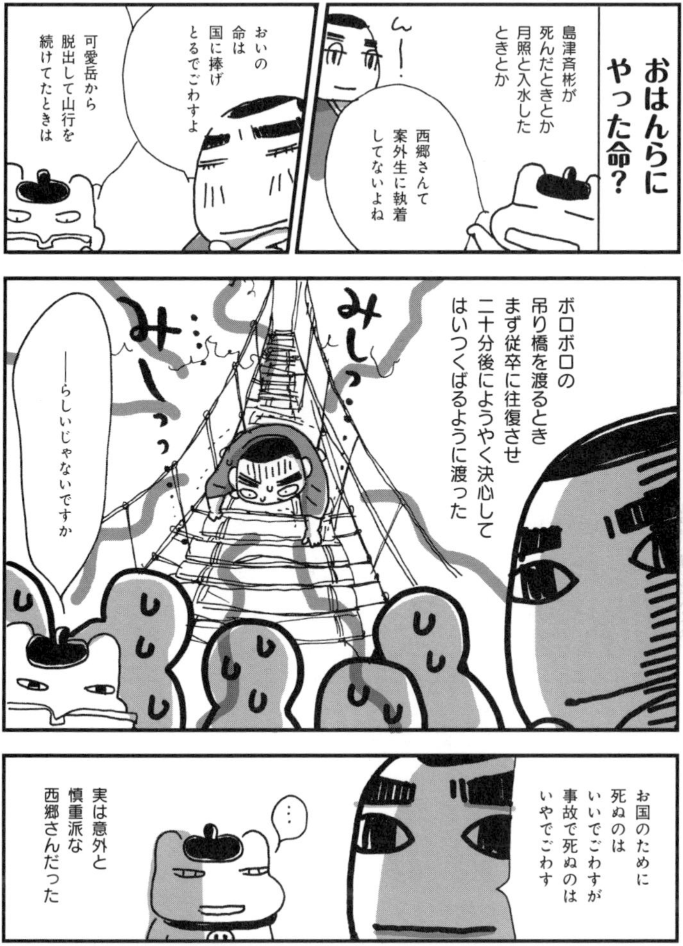
おはんらにやった命?
島津斉彬が死んだときとか月照と入水したときとか
んー!
西郷さんて案外生に執着してないよね
おいの命は国に捧げとるでごわすよ
可愛岳から脱出して山行を続けてたときは
ボロボロの吊り橋を渡るときまず従卒に往復させ二十分後にようやく決心してはいつくばるように渡った
みしっ…
みしーっ…
——らしいじゃないですか
お国のために死ぬのはいいでごわすが事故で死ぬのはいやでごわす
…
実は意外と慎重派な西郷さんだった

君の名は
犬大好き西郷さん
忠誠心が厚い♡
かわいい♡
裏切らない
一時期は十匹以上の犬を飼っていたらしい
白いからユキちゃん
ブチもようのブチ
わりと皆見たまんまなネーミング
耳がツンと立ってるからツンちゃん
この子は洋服着た人見るとかみつくから
ガルルルルル
攘《ゴ》夷《ジ》家《ヤ》
っておい
これぞ
ワンラブ
世界はひとつ！
ガルルルル
えー……
アナタめっちゃ薩摩ファーストじゃないっスかー

敬天愛犬
おやじ！鰻丼をくれ
うなぎ
へいまいど！
ばう
ばう ばう
よーし食え食え
ばう ばう
……
ばう
腐ったもん出したわけじゃないのに
すみませーん今のでもう鰻切れましたー（嘘）
そうか馳走になった
ここに金を置いておく
へーい
5円!?（10万円）
え!? さっきのお客西郷先生？
キャー
伍円
ばう ばう
ばう ばう
うん。金の使い方おかしい
この人に1億2000万円とか持たせるもんじゃねーわ

やっぱり肉が好き
「とんこつ」大好き
西郷さん
うまかー
豚バラ肉を焼酎、黒砂糖、みそでこってり煮込んだ鹿児島の郷土料理
ガラッ
西郷先生
おこしやす
女性の好みもやっぱり
こってりむっちり系……
その名も
豚姫
むっちり
年増
大酒飲み
お茶屋の仲居さんです
ほなうちも
ご相伴に
あずからせて
もらいますえ
おお！ おトラ
飲め飲め！
勝 海舟
あの「豚姫」と
相思相愛なんだぜ
見た目じゃない
ってことだよな
人として
大きいよなー
肉食
西郷さんでした

意外とお洒落な西郷さん
?
愛加那たん
あなた? この竹は何に使うのですか?
火鉢に竹
これはな
こうして竹を熱して
お出かけ前に髪を整えるんでもす
アイロンごてね
女子力高っっっ

気になるお金の話

新政府閣僚官僚のぜいたくを批判していた西郷さんですが実際いくらもらってたんですか？
もぐもぐタイム
陸軍大将時代は月五百円でもす
年収六千円……というと……
今の貨幣価値に換算するのは難しかこつですが一円＝約二万円ぐらいかと
へー
てことは
年収1億2000万円!!
すんもはん
セレブせごどん！

なんだろう この裏切られた感……
下級武士から郡方書役助になった時代からしたら大出世っすね……
年収41石(約205万円)
大所帯だったので大変だったようです…
おいは月十五円もあれば生活できたんで大蔵省に返そうとしたんですが
断られもした
でしょうね…
ちなみに日本の総理大臣の年収は四千六十五万円ですよ
マジですか
一どんですら一億四千四百万円ももらってたのに
寄付してましたよ
あちこちと
しかも
大久保さんの鞄《かばん》持ちだった伊藤博文《いとうひろぶみ》さんはのちのちお札の肖像になるんですよ
マジか!!
児孫に美田を買わず
実際は西郷さんの言葉通りの人生だったようですよ

ツンツンデレデレ
維新三傑
結局まともに畳の上で死ねたのって私だけですよね
木戸孝允
おいは自決……
うんうん
ワシなんか暗殺だしな
大久保利通
おいが死んだ翌年だったですな……
西郷さんが死んだのは大久保のせいって逆恨みされて
きめどく…
でもワシ実はそのとき外遊時代にもらった西郷さんからの手紙を懐に入れてたんだよね……
けっこうヒドい内容
どうも～
そのヒゲダサいよ～
もう写真撮らないほうがよくね～？
おはんの気持ちは嬉しかが……
どん…
あらやだ♡
友達以上にはなれもはん…
いろいろむくわれない大久保なのであった

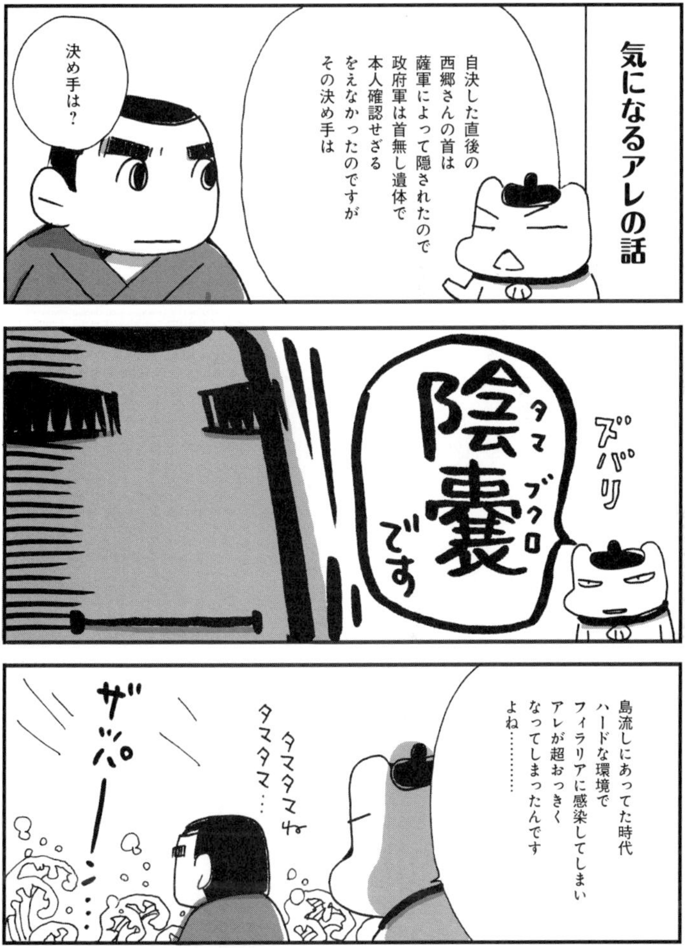
気になるアレの話
自決した直後の西郷さんの首は薩軍によって隠されたので政府軍は首無し遺体で本人確認せざるをえなかったのですがその決め手は
決め手は？
ズバリ
陰嚢《タマブクロ》です
島流しにあってた時代ハードな環境でフィラリアに感染してしまいアレが超おっきくなってしまったんですよね………
タマタマね
タマタマ…
ザパー！…

噂じゃその大きさは
カボチャとか人の頭とか
バスケットボールとか
そもそもなんで
他人がそんなことを
知ってたのか
……
……
【答え】自分で言っていたから
アレを膳にして
飯を食うちょる
——とネタにしたり
薩長同盟の話し合いの場で開帳し
場の空気をなごませたり……
超前向き！
さすが
西郷さん！
こげんこつはくよくよ
悩んでも仕方なかでごわす

唯一の問題は
馬に乗れなかった
ことぐらいで
ココが股ズレる…
うんそれけっこう大問題よね?!
戊辰戦争で
江戸まで大移動
したときも実際は
駕籠に乗ってたそう
じゃないですか
ガッカリ感ハンパねえ
キリッ
ラク
まあ
変だなーとは
思ってたんですよ
当時の錦絵もやたら
大股開きが多いし
気になる…
いやいや
この錦絵は
ちゃんと馬に乗って
るでもすよ
おっ?

(国立国会図書館デジタルコレクションより)

横乗りを見えないように配した辺見十郎太の立ち位置もまた絶妙……
辺見十郎太
当時の錦絵は新聞記事を元に想像だけで描かれたものが大半でしたから……
むむむー
絵師
馬上のかっこいい西郷さんを描きたい……
でも事実は事実……
いやー
当時の人々に西郷さんが愛されていたなによりの証ですねー
なにそのぬるいまとめ。
うんうん

ぎゅぎゅっと!人物紹介

西郷隆盛《さいごうたかもり》

文政10(1827)年～
明治10(1877)年

多くの人に愛される
明治維新の立役者

薩摩藩の下級武士の家に生まれ、藩主・島津斉彬に見いだされる。薩長同盟を結ぶなど維新に大きな役割を果たすが、明治政府で大久保利通らと対立、西南戦争に敗れて自決。

身長178cm・体重108kgと、当時にしては並外れた巨漢でした。

大久保利通《おおくぼとしみち》

文政13(1830)年～
明治11(1878)年

西郷と袂を分かつ
明治政府のリーダー

西郷とは同郷の幼なじみ。島津久光の側近となったことから頭角を現し、西郷らと共に討幕を推進。新政府では参議、大蔵卿、そして初代内務卿として、近代化を推進した。

西郷への思いは深く、自決の報を受けて号泣したといいます。

島津斉彬《しまづなりあきら》

文化6(1809)年～
安政5(1858)年

近代化を推し進めた先見性のある藩主

第11代薩摩藩主。先進的な思想の持ち主で、西郷を抜擢するなど人材登用を進める。その一方で世界情勢を受けて「集成館」など富国強兵、殖産興業に尽力した。

西郷を見いだした人。西郷にとっての主君は生涯ずっと斉彬！

木戸孝允《きどたかよし》(桂小五郎《かつらこごろう》)

天保4(1833)年～
明治10(1877)年

討幕の先駆者 維新の三傑の一人

吉田松陰の教えを受け、長州藩の外交担当者として活躍。薩長同盟を結ぶ。維新後は版籍奉還・廃藩置県などに尽力。岩倉使節団にも参加する。西南戦争中に病死。

文武両道に優れ、刀の腕前も一流。高身長のイケメン！

ぎゅぎゅっと!人物紹介

井伊《いい》直弼《なおすけ》

文化12(1815)年〜
万延元(1860)年

江戸幕府大老。日米修好通商条約に調印、日本の開国を推進。反対勢力に対し「安政の大獄」と呼ばれる大弾圧を行う。桜田門外の変で暗殺された。

岩倉《いわくら》具視《ともみ》

文政8(1825)年〜
明治16(1883)年

公家。皇女和宮と将軍家茂の結婚を推し進め、公武合体に努める。王政復古の大号令を断行。維新後は「岩倉使節団」として欧米を視察。近代化に尽力する。

勝《かつ》海舟《かいしゅう》

文政6(1823)年〜
明治32(1899)年

幕臣。蘭学をはじめ、多岐にわたる学問を修める。咸臨丸艦長として渡米、帰国後は人材育成に努める。西郷との会談の末、江戸城の無血開城を実現。

月照《げっしょう》

文化10(1813)年〜
安政5(1858)年

京都清水寺成就院の住職。尊王攘夷主義者で、吉田松陰をはじめ、様々な人物と交流。安政の大獄に際し西郷とともに薩摩に逃れたが、錦江湾で入水。

坂本《さかもと》龍馬《りょうま》

天保6(1836)年〜
慶応3(1867)年

土佐藩出身。薩摩と長州のパイプ役として、薩長同盟成立に大きな役割を果たす。後世、多くの創作物のモデルになっている、幕末一の人気者。

島津《しまづ》久光《ひさみつ》

文化14(1817)年〜
明治20(1887)年

斉彬の異母弟。斉彬の次の藩主・忠義の父として薩摩藩の実権を握る。大久保ら精忠組を登用した。公武合体運動の中心的存在となった後、討幕をめざす。

高杉晋作《たかすぎしんさく》

天保10(1839)年～
慶応3(1867)年

長州藩士。松下村塾に学び、尊王攘夷の志士として活躍した。奇兵隊を組織した。長州藩を討幕に向かわせ、第二次長州征伐の幕府軍を破った。

徳川慶喜《とくがわよしのぶ》

天保8(1837)年～
大正2(1913)年

徳川最後の将軍。水戸藩主の七男として生まれ、一橋家を相続、将軍継嗣問題では家茂に敗れるが、家茂の死後、将軍となる。大政奉還を成し遂げた。

中岡慎太郎《なかおかしんたろう》

天保9(1838)年～
慶応3(1867)年

土佐藩士。土佐勤王党の一員として尊王攘夷運動を行い、脱藩して長州藩に亡命。坂本龍馬と薩長同盟締結に尽力する。近江屋で龍馬とともに暗殺された。

橋本左内《はしもとさない》

天保5(1834)年～
安政6(1859)年

福井藩士。緒方洪庵に学び、藤田東湖、西郷隆盛らと交流する。藩主・松平慶永(春嶽)の側近となり、将軍継嗣問題では一橋慶喜の擁立に尽力。

藤田東湖《ふじたとうこ》

文化3(1806)年～
安政2(1855)年

水戸藩士、思想家。藩主・徳川斉昭に重用され、藩政改革に尽力すると共に、その思想で西郷をはじめ、尊王攘夷の志士たちに大きな影響を与えた。

明治天皇《めいじてんのう》

天保2(1852)年～
明治45(1912)年

王政復古の大号令を発し、明治新政府を成立させる。近代天皇制国家を確立した。幼少期から親しかった西郷を愛し、西南戦争での死を惜しんだと言われる。

ぎゅぎゅっと！年表

年号	西暦	西郷の略歴	主な出来事
文政10年	1827年	薩摩藩・鹿児島城下の下級藩士の長男として誕生。	
天保10年	1839年	右腕を負傷する。	
天保12年	1841年	元服して吉之介隆永と名乗る。	
弘化元年	1844年	郡方書役助として藩に出仕。郡奉行・迫田利済の配下となる。	
嘉永3年	1850年	お由羅騒動を受けて藩政改革を決意。農政に関する建白書を提出する。	
嘉永4年	1851年	大久保利通らと「近思録」を輪読する会を結成する。	島津斉彬が藩主に就任する。
嘉永5年	1852年	伊集院兼寛の姉・スガと結婚する。父・吉兵衛、母・マサが相次いで死去。	
嘉永6年	1853年		ペリーが浦賀に来航。
嘉永7年	1854年	藩主・斉彬に従って江戸に出府。藤田東湖に出会う。	日米和親条約が締結。
安政3年	1856年		第十三代将軍・徳川家定と斉彬の養女・篤姫が結婚。
安政5年	1858年	島津斉彬が死去。錦江湾にて僧侶・月照と共に入水自殺を図るが、西郷のみ蘇生。	井伊直弼が大老に就任。日米修好通商条約が締結。安政の大獄が始まる。

安政6年	1859年	奄美大島に潜居。愛加那と結婚。	
安政7年	1860年		桜田門外の変で井伊直弼暗殺。
文久元年	1861年	長男・菊次郎が誕生。	
文久2年	1862年	鹿児島に戻り、島津久光に謁見。久光の命令を無視したため、徳之島、ついで沖永良部島に流刑に。長女・菊草誕生。	生麦事件が発生。
文久3年	1863年	薩英戦争勃発の報を聞き、沖永良部島からの脱出を計画する。	薩英戦争勃発。
元治元年	1864年	許されて鹿児島に帰郷、藩政に復帰する。京で勝海舟と会談。	池田屋事件、禁門の変が起きる。
慶応元年	1865年	糸子と結婚。坂本龍馬と会う。木戸孝允との会談をすっぽかす。	
慶応2年	1866年	薩長同盟を結ぶ。次男・寅太郎誕生。	寺田屋で坂本龍馬が襲撃される。将軍・徳川家茂が死去。徳川慶喜が十五代将軍に就任。孝明天皇が崩御。
慶応3年	1867年	討幕の密勅を得て藩兵を率いて上洛。新政府参与となる。	大政奉還。近江屋事件で坂本龍馬暗殺。王政復古の大号令。
慶応4年（明治元年）	1868年	戊辰戦争を指揮。江戸城を無血開城させる。	鳥羽伏見の戦いが起こる。明治天皇、五箇条の誓文を発布する。江戸を東京と改称される。

和暦	西暦	西郷隆盛の出来事	主な出来事
明治2年	1869年	朝廷への出仕を断る。藩の参政となる。	版籍奉還が行われる。
明治3年	1870年	鹿児島藩大参事に就任。	奇兵隊脱隊騒動が起こる。
明治4年	1871年	従道の要請を受け新政府に出仕。木戸孝允と会談。参議となり改めて正三位に叙せられる。廃藩置県を断行。三男・午次郎が誕生。	岩倉使節団が出国。
明治5年	1872年	参議兼陸軍元帥・近衛都督に任命される。	12月3日、太陽暦が採用され、この日が明治6年元日となる。
明治6年	1873年	陸軍大将に任命される。征韓論で政府に辞表を提出、鹿児島に帰郷。四男・酉三が誕生。	岩倉使節団が帰国。
明治7年	1874年	佐賀の乱を起こした江藤新平の協力要請を断る。鹿児島に私学校を創立。	台湾出兵。
明治9年	1876年	上京を断り、狩猟と温泉の日々。	廃刀令発布。神風連・秋月・萩の乱。
明治10年	1877年	私学校生徒らを率いて挙兵。熊本、鹿児島各地を転戦し官軍と戦う（西南戦争）。鹿児島・城山で自決。	
明治22年	1889年	罪を許されて正三位を追贈される。	大日本帝国憲法が公布される。
明治31年	1898年	東京・上野公園の銅像の除幕式が行われる。	

主な参考文献

『図説　西郷隆盛と大久保利通』芳 即正、毛利敏彦／編著（河出書房新社）

『西郷どんのひみつ』（ぴあMOOK）

『大西郷の逸話』西田 実（南方新社）

『幕末維新　英傑の20藩』幕末歴史人物研究会（PHP研究所）

『激闘田原坂秘録』（肥後評論社）

『詳説・西郷隆盛年譜』山田尚二（公益財団法人　西郷南洲顕彰会）

『逆説の日本史20 幕末年代史編3
西郷隆盛と薩英戦争の謎』井沢元彦（小学館文庫）

『話し言葉で読める「西郷南洲翁遺訓」
無事は有事のごとく、有事は無事のごとく』長尾 剛（PHP文庫）

『巨眼の男　西郷隆盛』（全4巻）津本 陽（集英社文庫）

『翔ぶが如く』（全10巻）司馬遼太郎（文春文庫）

『西郷隆盛』池波正太郎（角川文庫）

『代表的日本人』内村鑑三（岩波文庫）

『史伝　西郷隆盛』海音寺潮五郎（文春文庫）

『西郷隆盛　維新150年目の真実』家近良樹（NHK出版新書）

『西郷隆盛完全ガイド』（晋遊舎100％ムックシリーズ）

『未完の西郷隆盛　日本人はなぜ論じ続けるのか』先崎彰容（新潮選書）

『文藝春秋12月臨時増刊号　西郷隆盛を知る』（文藝春秋）

『日本人の給与明細　古典で読み解く物価事情』山口 博（角川ソフィア文庫）

監修／原口 泉（志學館大学教授・鹿児島県立図書館館長）

集英社文庫

圧縮《ぎゅぎゅっと》！　西郷《せご》どん

2018年6月30日　第1刷　　定価はカバーに表示してあります。

著　者　いのうえさきこ

発行者　村田登志江

発行所　株式会社 集英社
東京都千代田区一ツ橋2-5-10　〒101-8050
電話　【編集部】03-3230-6095
【読者係】03-3230-6080
【販売部】03-3230-6393(書店専用)

印　刷　大日本印刷株式会社

製　本　大日本印刷株式会社

フォーマットデザイン　アリヤマデザインストア　　マークデザイン　居山浩二

ISBN978-4-08-745753-7 C0195